世界観をつくる

「感性×知性」の仕事術

水野学
×
山口周

朝日新聞出版

世界観をつくる

ブックデザイン：good design company
撮影：小山幸佑（朝日新聞出版写真部）
編集協力：青木由美子

はじめに

山口 周

本書の題名にも用いられている「世界観」という言葉が出てきたのは、水野さんとの対談の2回目だったと記憶しています。ということはつまり、もともとこの本は「世界観について語り合おう」ということで生まれた本ではなかった、ということです。水野さんとの対話の中で、当初はその言葉すら想定していなかった「世界観」が、これからのビジネスを考える上でとても重要な概念として浮上してきたわけです。

世界観がなぜ重要なのか。詳しくは本書をお読みいただければと思いますが、その答えを簡潔に記せば「問題をつくるため」ということになります。今日の世界においては「正解＝ソリューション」が供給過剰に陥ってますますデフレしていく一方で、「問題＝アジェンダ」が希少化してインフレしています。これはある意味で「近代の必然」とも言える状況です。なぜなら、私たち人類はこの500年ほどのあいだ「深くて広い問題」から順に解決してきたからです。これは市場原理の働きです。誰でもビジネスをやるのであればできるだけ市場規模の大きな領域を狙いたいと思うでしょう。市場規模は「問題の深さと広さ」によって規定されることになりますから、必然的に近代は「深くて広い問題」から順に解決することを続けるようになりました。その結果、現在の世の中には「深いけれども狭い問題」と「広いけれども浅い問題」のどちらかが残存することになり、「その問題を解くことで大きな価値が生まれる」という鉱脈のような問題を発見することが難しくなっています。

このような状況下において、現在は「正解を出せる人」よりも「問題を提起できる人」が希少化しつつあります。では、どのようにすれば問題を発見し、提起できるのでしょうか？　ここで浮かび上がってくるのが「構想力」の重要性です。

そもそも「問題」とはなんでしょうか？　それは「ありたい姿と現在の姿のギャップ」のことです。「ありたい姿」が明確に描けていれば、そこに必然的に「問題」は生まれてしまう。これはつまり、現在の社会において、多くの領域で「問題」が希少化しているというのは、私たちの社会や組織が

マズローの欲求5段階説

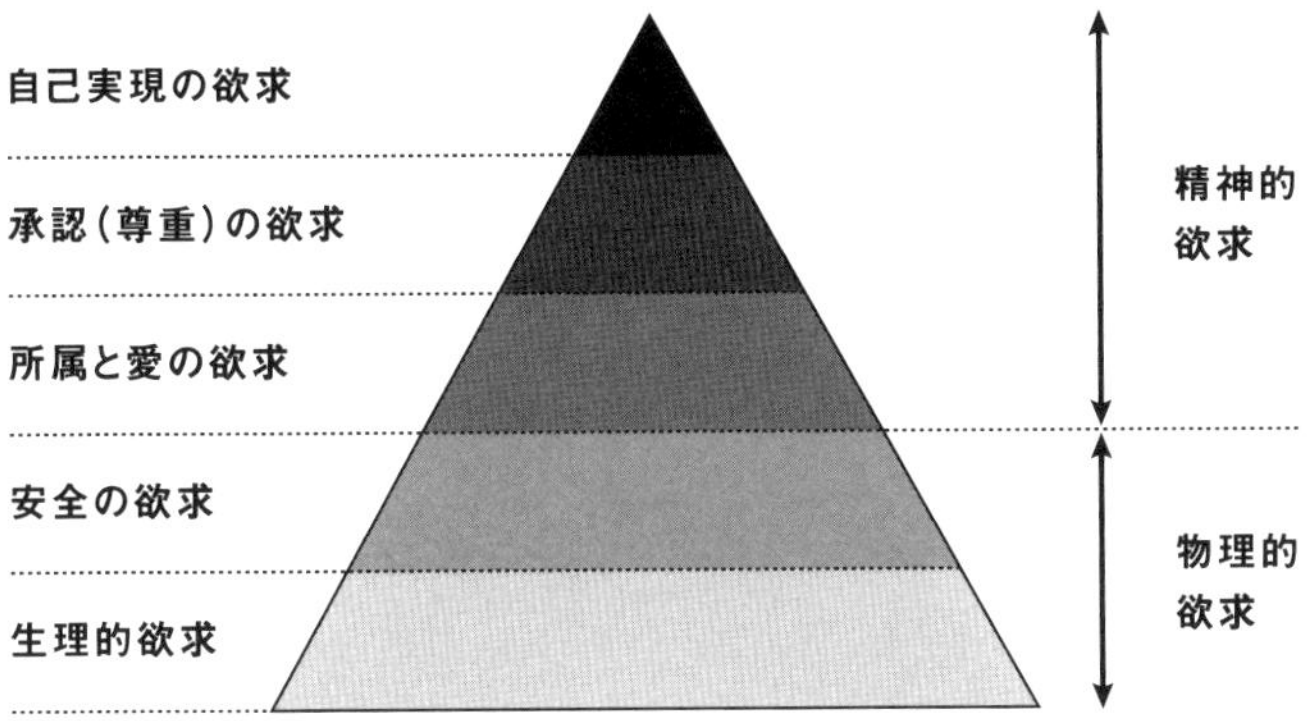

「新しい世界を構想する力」を失ってきている、ということなのです。

先述の繰り返しになりますが、これは半ば必然的なことでした。マズローの欲求5段階説を思い出してみればわかりやすい。

産業の歴史とマズローの欲求5段階説を組み合わせて考えてみると、市場規模の大きな産業ほど欲求5段階説の下位の問題にアドレスしていたことがわかります。たとえば昭和の中期に爆発的に成長したのが家電産業や自動車産業でしたが、こういったモノはほとんどが1段目の「生理的欲求＝暑いのが辛い、寒いのが辛い、冬の手洗い洗濯が辛い」や2段目の「安全の欲求＝食べ物を腐らないように保存したい、安全・快適に移動したい」の問題に関するソリューションとして市場に受け入れられたことがわかります。ところが、こういった「低次の問題」がほぼ解決されてしまった現在、多くの人が抱える物質的欲求は満たされてしまい、問題の多くは「精神的欲求の未達」に関連することになりました。単に「移動するため」という目的からすれば説明できないほどに高価な自動車が現在は売れている時代ですが、こういうことが起きるのはすでに「安全で快適に移動したい」という問題から「人から成功者として認められたい」という精神的な欲求不満の解消へと市場の機能がシフトしているからです。

今日の日本でも「ビジョン」の重要性は様々なところで言われています。「何をいまさら」と思われる向きもあるかもしれませんが、しかし改めて考えてみて欲しいのです。なぜ、ビジョンは重要なのでしょうか？　それはビジョンが構想に他ならないからです。先述した通り、構想がなければ問題を見出すことはできません。現代という社会はソリューションの価値がどんどんデフレする一方で、質の良い問題の価値は逆にどんどんインフレしています。つまりビジョンがなぜ大事なのかといえば、それは「問題をつくるためだ」ということになります。

1987年、Appleは「Knowledge Navigator」と題したショートフィルムを発表しました。このショートフィルムは、近未来において、コンピューターがどのように人々の知的活動を支援するようになっているかという「構想＝ビジョン」を示すために、Apple（当時の社名はApple Computer）が作成したものです。現在でも数多くの素材がYouTubeにアップされているので興味がある方はご覧いただければと思います。

この映像を確認すると、ネットワークで繋がったデータベース、タブレット端末、タッチパネルでの入力、音声による入出力、曖昧検索、ビデオチャットなど、現代の世界になってやっと実現しつつある世界観が、すでに示されていることに驚きを禁じ得ません。この映像がつくられたのは今から30年以上も前の1987年のことなのです。当時の日本企業で、30年後の「コンピューターと人との関係性のあり方」について、ここまで明確な世界観を持っていたところがあったでしょうか。

Appleがこのショートフィルムで人々に提示したのはまさしくビジョンです。このビジョンを実現するために、様々な人々が日々の仕事を積み重ね、今日の世界にあってこのビジョンはほぼ実現されました。

このような指摘をすると「すごい、30年も前に今日の世界を予測していたんだ」と感嘆する方もおられるかもしれません。しかし、それは思い違いです。Appleがやったのは「予測」ではありません。彼らは「こういう世界が実現したら素晴らしい」という世界を構想し、それを映像化し、社内外のステークホルダーに実現すべきビジョンとして提示したのです。

ここで気をつけて欲しいのが、このビジョンが、なぜ「文字テキストによるマニフェスト」ではなく、ショートフィルムという表現を採用したのか、という点です。なぜなら、今日の企業の多くが「ビジョン」と称しているもののほとんどが「文字テキスト」によって描かれているからです。なぜ当時のAppleは、文字テキストによるビジョンを嫌い、わざわざコストをかけて、ショートフィルムという表現形式を採用したのでしょうか。

最大の理由が「文字にすると必ず過去の反映になってしまう」からです。文字は概念を記述するわけですが、概念は必ず過去の反映になります。当たり前のことですが「まだ誰も見ていないもの」は文字で表現することはできません。当時、Appleが構想していたのは、それまでの「コンピューター」とは著しくかけ離れたモノでした。この全く新しい構想と世界観を誤解なく、かつ効率的に多くの人に伝えるためにも「ショートフィルム」という表現形式は必然的なものだったと言えます。

このように考えると、今日の世界におけるアートやデザインの重要性が確認されます。すなわち、問題が希少化しつつある現代の世界においては、まず「世界観を構想する」ことが非常に重要だということ。そして、その世界観を他者に伝えるためには、アートやデザインなどの視覚表現が極めて強力なツールになるということです。

皆さんは自分なりの「世界観」を持って日々の仕事に勤しんでいますか？　皆さんはどんな世界がやってきたら良いかという自分なりのビジョンを持って仕事に取り組んでいますか？　世の中で働く人は全て「世界という作品の制

作に関わるアーティストだ」と言ったのは現代アーティストのヨーゼフ・ボイスでした。願わくば皆様もまた、このヨーゼフ・ボイスの言葉を胸に秘め、自分なりの世界観を持って日々の仕事に取り組んでいただければと思います。

目次

Ⅱ 物語をつくる

Ⅲ 未来をつくる

Ⅰ　意味をつくる

未来の会社がつくっていく「価値」とは？

水野　山口さんと対談させていただくことが決まったとき、僕はとてつもなく嬉しかったのですが、ちょっと困ったな、とも思っていました。問題は、会話にならないのではないかなということ。山口さんの話をおうかがいすると、僕はたぶん「そのとおり！」としか思わない。うなずきまくりになるから、対談として成立しない（笑）。

山口　いえいえ（笑）。

水野　それなら僕が読者代表として山口さんにいろいろ教わるっていう本もいいな、と思うんですが、それだと「山口さんの本を読めばいいんじゃないの？」となっちゃって、また困る。そこで考えてみました。山口さんに教えていただいた知見と、僕がお付き合いしている企業とのやりとりや、デザインまわりの仕事を通じてずっと考えていたことが合わさったときに、「あ、そういうことか！」という、ひとつの新しい〝解〟が生まれる。これってイノベーションだと思います。

そんなわけで、この企画を通じて何かしらのイノベーションが起きれば、ものすごく面白いことだと感じています。

山口　対話を通じて当初は思いもよらなかった洞察に至ることができる、とソクラテスも言っていますし、確かに過去の多くのイノベーションはイノベーターによる沈思黙考ではなく、むしろ活発な議論を通じて生まれていますからね。デザインやブランディングの世界で素晴らしい実績を残している水野さんとお話しさせていただくことで僕自身にもいろんな気づきや洞察がきっと得られるだろうとワクワクしています。

水野　じゃあ、さっそくいいですか（笑）。まずお話ししたいのは、これからの企業がどうなるべきか？　についてです。

僕は一般には、ＮＴＴドコモの「ｉＤ」であるとか、熊本県のキャラクター「くまモン」であるとか、デザインやブランディングの仕事で知っていただくことが多いかもしれません。でも、実はデザインを含めたコンサルティングのような形で、企業やメーカーとかかわることが多いのです。最近でいうと相鉄グループのブランドアッププロジェクトとか。

そこで自分の中でも、これから日本企業はどうなっていくかというのは、よく考えているんです。たとえば、よくも悪くも「ジャパン・アズ・ナンバーワン」と言われていた頃の日本の力は失われていて、GDP（国内総生産）では2位の中国に大きく水をあけられ、2019年国際競争力ランキング（世界経済フォーラム）でも前年の5位から後退し日本は6位。大手メーカーはどこも、目に見えて世界で戦えなくなってきている。この状況で、企業はどうしたらいいのでしょうか。

山口　僕は20代の頃からずっと「会社が生み出している価値とはそもそも何だろう？」ということを考えています。わかりやすく言えば、企業が社会に対して何か価値を提供できれば、その価値に対する対価がもらえるというのがビジネスの仕組みじゃないですか。だから企業の調子が悪くなるということは、その会社が「世の中に対して価値を提供できなくなっている」ということですよね。価値を提供できなくなるので対価も得られない。

水野　「僕たちがとってきたマンモスの肉をあげるから、君たちが持っている木の実をもらう！」って頃から連綿と続いている、ビジネスのルールですね。もちろん、お腹を満たすという価値を持つ〝マンモスの肉〟から考えたら、提供する価値はだいぶ複雑になっていますけれど。

山口　そうですね。「マンモスの肉」は「腹が減った」という生理的な欲求に対するソリューションとして提供されるわけですね。これはマズローの欲求5段階説で言えば「1段階目」の「生理的欲求」になります。マズローの欲求5段階説は「生理的欲求」から始まって「安全の欲求」「所属と愛の欲求」「承認の欲求」「自己実現の欲求」と上昇していきます。今日の世界では「安全の欲求」や「生理的欲求」が十全に満たされる状況になって飽和してしまったので、さまざまな「欲求のレベル」に対応するビジネスが試行されています。こういう世界において、人が欠乏感を抱くのはどんな時なのか？

言い換えれば、いまの時代において「何が価値になるのか？」を考える必要が高まっているわけですね。「価値」というのは絶対的なものではなく、社会のあり方によって変わっていくものです。少なくとも、現在の日本では「マンモスの肉」ではビジネスにならないわけですね。

ここで考えなければならないのが、現在の世界において「何が過剰で何が希少なのか」

という論点です。これって当たり前のことで、「過剰になったモノ」の価値は下がるし、「希少になったモノ」の価値は上がるということです。

モノが過剰、便利が過剰、正解が過剰

水野　たしかに、過剰だとありがたみがなくなりますよね。週に一度しか食べられないならステーキはご馳走だけど、毎日出てくると普通のおかずになってしまうみたいに。そうして似たものが世の中に溢れれば、おのずと単価も下がっていく。

昔は欲しいものがたくさんありました。昭和30年代半ばだと、そもそも冷蔵庫を持っている家がまだ1割程度だったから、みんな「冷蔵庫が欲しい」「テレビが欲しい」みたいな世の中だったと思いますし。過剰どころか全然足りていませんでした。

山口　今ではそういう「みんなが心から欲しいなあと思うモノ」ってなくなってしまいましたよね。水野さん、「欲しいものは何ですか?」って聞かれて、パッと出てきますか?

水野　そう言われると出てこないですね。僕だけじゃなくて、周りは結構そうかもしれない。

山口　これは「文明の勝利」ということで素晴らしいことなんですけど、ビジネス的にはとても困ったことになるわけですね。私たちは「問題＝困っていること」を解決するためにお金を払ってモノやサービスを購入するわけですが、現在の世の中では「問題＝困っていること」が希少になっているんですよ。

その結果として発生しているのが「正解の過剰化」という問題です。数少ない問題についてみんなが論理的に正しい答えを追い求めた結果、この「正解の過剰化」という問題が起きている。家電が典型的な例で、冷蔵庫や電子レンジのデザインや機能って、どのメーカーでもほとんど同じじゃないですか。これは「正解にみんな行き着いてしまった」ということなんですよね。

水野　「正解の過剰」。ハッとさせられる言葉です。たしかにその通りですね。僕も、講演のときに各メーカーのテレビを並べたスライドを使うことがあります。メーカーの違いは、外見だけだとほぼわからないですね（笑）。

山口　仮に「家電は白でシンプルな形」が正解であるなら、どの会社も同じ「白でシンプルな形」になるし、そこから外れるメリットは一見なさそうですね。でも、多くの場合「この正解は、果たして何に対する正解なのか？」という問題が提起できていない気がします。つまり課題が置き去りになっているわけです。

水野　一歩先の、これからの価値は何かが、深く考えられていないということですよね。技術が進歩して、便利なものは増え続けているけれど。

山口　そうですね。いわば「利便性の過剰」です。便利なものって当たり前になっていて、もはやなんでも便利だからありがたみがないし、欲しくもない。そこである種の不便さが求められてきていると感じます。

身近なところでいうと、僕の家は葉山なのですが、近所の家の多くが薪ストーブを入れています。薪ストーブって、とても不便なんですよ。冬に入る前に大量の薪を買って薪棚に干す。火をつけるときは焚き付けから少しずつ育てていかないといけない。一度火がついてもほったらかしにはできず、適度に空気や薪の量を調節しなければならない。でもみんなそれを喜んでやっているわけです。11月くらいになると休みの日にはどこの家でもパカンパカンと薪割りをしているわけです。企業経営者とか病院の院長先生とかが奥さんに「ヤレ！」と言われて汗を流しているわけです。

　これは一種の「近代の否定」なんですよね。「おじいさんは山へ柴刈りに」って昔話の話ですからね。

水野　なるほど。利便性が過剰になりすぎるあまり、逆に不便なものの価値が高まっている。

山口　そうです。特に20世紀に入るとエレクトロニクスとコンピューターが劇的に発展して、日常生活に存在する「生理的欲求」と「安全欲求」をことごとく満たしていきました。おかげで「毎日お風呂に入れる」とか「家の中で暖まれる」とか「食べ物が安全に保存できる」

とか「雨にぬれずに移動できる」ようになる。とにかく日常にあるいろいろな不便を解消し、問題を解決するためにテクノロジーや文明を使ってきたわけです。その結果、今は便利が過剰になり、「一戸建てをつくるなら、むしろ不便な薪ストーブを入れたい」とか「白湯を沸かすなら鉄瓶のほうが、風情があっていい」という、不便を求める発想が出てきました。

ビンテージカーの値段が上がっているのも同じ現象ですね。70年代に製造された空冷のナローポルシェの中古車価格はすでに新車のポルシェの数倍になっています。これも薪ストーブ同様、ある意味で文明の否定ですし、エンジニアからすると信じがたい話ですが、珍しい話ではなくなっています。たとえば同じ自動車の例で言うと、ジャガーが60年代の名車の復刻版として販売した「E-TYPE REBORN」の価格は日本円で2億円を超えていましたけど即日で完売していますね。

文化は文明を後追いする

水野　今のクラシックカーの例は、便利なものより不便なもののほうが高い値段がつくという現象ですね。この現象、ラグジュアリー品の世界ではかなり増えている気がしますが、家電を含めた日用品の世界は、まだ便利に囚われているのかもしれない。

山口　それには理由があって、日本のメーカーのほとんどは、世の中にある「顕在化している問題」を見つけてきて、それに対するソリューションとして便利なものをつくって成長してきた、という「強烈な成功体験」があるからです。パナソニックなんかはその象徴だと思います。松下幸之助が唱えた「水道哲学」[1]という戦略は大量生産が前提になっているわけですが、これはマズローの欲求5段階説の下層にある問題にアドレスすることで初めて実現できます。なぜなら生理的欲求は普遍的だからですね。「冷たい水で手がかじかむのは辛い」「ぬるいビールは不味い」というのは普遍的な不満です。普遍的というのは「市場規模が大きい」わけですから、数をたくさんつくることができる。だから非常に水道哲学と相性がいいわけです。

しかし、先ほど指摘したように「過剰に供給されるものの価値は低下する」わけですから、現在は「便利さ」の価値が下がってきている。昭和とは「価値の構造」が変わってきているのに、「価値の認識」が変わらないままになっているわけです。すでに価値のなくなっているものをかつてと同じように追求していれば収益が出なくなるのは当たり前のことです。

これは「成功体験」がもたらす誤謬《ごびゅう》ですね。もうすでに価値のなくなっているモノやコトを、昔の体験に基づいていまだに「価値がある」と思っているわけですから学習が足りないと言えます。

水野　僕が日々接しているメーカーが直面しているのは、まさにそこですね。便利なものはもうあって、これ以上便利にしようがないので、壁にぶち当たっている。

山口　さらに言えば「役に立つものを追求しすぎると役に立たなくなる」ということもあると思うんですね。うちのテレビのリモコン、ボタンが65個あるんですよ。いずれ100個ぐらいになると思いますけど（笑）、いらない機能を増やすために仕事をやっている側面があります。家族に聞いてみると「普段使うボタンは4つしかない」というんですね。つまりボタンの数が10個くらいになったときから、もうユーザーはメリットを感じなくなっているわけです。メリットを感じない以上、払おうとするお金も増えません。しかしボタンが増えるごとにコストは必ず増えます。こんなことを続けていればやがては利益ゼロの損益分岐点に到達することになります。現代の日本の家電産業の損益計算書を確認してみると営業利益で数%しかあげられていません。顧客が価値だと感じていないことにコストをかけているわけですから当たり前です。ボタンが65個あるリモコンは低収益へと至るジレンマの象徴なんですよ。

水野　努力する方向性が間違っているということですね。

山口　これは「労働生産性の低さ」にも関わる問題です。日本人の平均労働時間はおよそ1700時間でドイツの1300時間と比較すると400時間ほど多い。一方で一人当たりのGDPはどうかというと日本の3・9万ドルに対してドイツは5万ドルに近いです。結果的に非常に労働生産性が低くて、その順位はアメリカやドイツにはもちろんのこと、スペインやイタリアよりも低くなっています。

そういうときの会社としての戦略は、二つの価値のうちどちらを選ぶかです。「役に立つという価値」か「意味があるという価値」の二者択一です。

日本企業はずっと「役に立つという価値」で戦ってきたけれど、「役に立つという価値」は過剰になってしまい、「意味があるという価値」が希少になった。つまり、「意味がある」こそ価値がある時代に変わったのです。

水野　ご著書の『ニュータイプの時代』（ダイヤモンド社）でもおっしゃっていましたね。僕も夢中で拝読して、僭越《せんえつ》ながら「自分も同じことを考えているな」と感じました。

15世紀半ばから大航海時代が始まって、まずは文明が進んだ。かつてなかった距離を移動できるようになったり、便利さや機能が優位になったんです。そうした文明がある程度まで進むと、文化が後追いする。そこで16世紀になるとルネサンスが起きています。日本では同時期に安土桃山文化が花開いて、世界規模で文化の時代になったんでしょうね。

文化の時代が長らくゆったりと続いたあとで起こったのが、18世紀後半の産業革命。

山口　完全に近代化する、文明の大革命ですね。

水野　そのあと文化の揺り戻しとしてアーツ&クラフツ運動[2]が興って、それは今でもゆるやかに続いていると思います。文明がまず進んで、それを文化が後追いして広がる。歴史がその繰り返しだとしたら、今は次の革命というタイミングです。

これを第3次産業革命という人もいれば、第4次という人も、デジタル革命と呼ぶ人もいて、いろんな言い方がありますが、僕は「網業革命《もうぎょうかくめい》」と呼んでいます。網の業、つまりネットレボリューションです。

ウェブの登場で「文明」がギューンと伸びて、伸び切りつつあるから、そろそろ「文化」の出番になってきているんじゃないか——そんなことを、いろいろなところで話しています。

1　良質で廉価な製品を水道の水のように潤沢に供給するという経営理念。

2　19世紀末期から20世紀初頭にかけて、ウィリアム・モリスを中心としてイギリスで興った美術工芸運動。

「役に立つ」という市場

山口　日本の場合、水野さんが言うところの「文明タイプ」というか、もともとある組織能力として、BtoBの仕事が得意な企業は多いと思います。なぜなら、かつては世の中にもたくさん問題があったので、BtoB的な「役に立つ」という能力がBtoCの市場でも生かせたからです。パナソニックのようなメーカーが、わかりやすい例でしょうね。身近な不便を解決してあげる、「役に立つ製品」をつくることが価値の提供だった。

でも今は、「不便だ」とか「使い勝手が悪い」といった世の中の身近な問題がほぼ解決されて、文明的に行くところまで行ってしまいました。そこで水野さんがおっしゃる「文化の出番」になるわけです。

水野　そうか、「文明＝役に立つ」で、「文化＝意味がある」と言い換えることができますね。そして企業は、「役に立つ」と「意味がある」の分かれ道に立っている、と。

山口　あえて二極化させたら、組織の能力は「役に立つ」と「意味がある」の2種類しかありません。その上で、「自分たちはあくまで、『役に立つ』の道に進むんだ」と決めた会社もある。そういう会社はインフラを整えるとかダムを造るといった、ＢｔｏＢの仕事に集中していきます。

なぜかと言えば、ＢｔｏＢなら「役に立つ」という市場で戦えるからですよ。その業界ごとの役に立つ物差し、つまり「正解」がありますからね。たとえば「このダムの発電効率は」みたいな物差しが業界ごとにあるわけじゃないですか。

水野　まさにおっしゃるとおりですね。僕は以前、とあるメーカーの携帯電話の仕事をしていて、彼らがＢｔｏＣの携帯事業から撤退する瞬間に立ち会ったことがあります。関わっていたプロジェクトがバーッとなくなっていって、「あ、この人たちはＢｔｏＢに行くんだな」と肌で感じました。

山口　産業史の貴重な１ページを現場の当事者として目撃したわけですね（笑）。

世界の物差しが「オリンピック100メートル走」になったなら？

水野　実際、一緒に仕事をしていて感じますが、日本のメーカーは「役に立つ」が飽和しても、「意味がある」という価値を世の中に出していける能力もちゃんと持っているはずなんです。人が使うモノをつくっているわけですから、いろいろやりようがあると思います。でも、「意味がある」という価値を生み出した経験がなく、組織の中にもその土壌がない。

山口　確かにその通りですね。「役に立つという能力」の裏打ちは論理とサイエンスとスキル。つまり正解があるからやりやすいわけです。市場調査でデータを取ると、「とにかく性能を上げるべきだ」という結論になるのはそのためです。

水野　僕が何よりも嫌いな市場調査（笑）。あれに振り回されるのは、本当に意味がないですよ。

山口　だから水野さんは、「意味があるという能力」を追求しようとしているんでしょうね。「意味がある」の裏打ちとなるのは、水野さん的に言うと知識を積み重ねてつくり上げたセンスだし、僕なりの解釈で言うとアート、直感、質を上げる、といったことだと思います。これは多くの組織にとって難易度が高いから、あきらめてしまう。

水野　それでBtoBという市場に行っちゃうわけですね。

山口　そうやって「役に立つ」ばかりを追求していると、ビジネスがすごくアスリート的になりますね。

　アスリート的ビジネスの特徴は「パフォーマンスを測る軸がシンプルで計量可能である」ということです。ICチップなら計算能力とコスト、発電機なら発電効率とコスト、自動車なら燃費と価格ですね。こうなると「1位総取り」になります。わかりやすい例が100メートルスプリンターですよ。アスリート中のアスリートなわけですが、では「誰が1位か？」と問われれば「ウサイン・ボルト[3]」となる。みんな知っているわけですね。では「誰が3位か？」と問われれば誰もわからない。そもそも「知るわけないだろ」という反応でしょうね。でも「世界で3位」なんですよ？　どう考えてもスゴいことなのに誰も記憶していない。つまりアスリートの世界では極端な「栄光の上位寡占」が起きるということです。「役に立つ」の世界はアスリート型になるので上位に入れるか入れないかで極端な報酬の格差が生まれます。

水野　なるほど。しかも、インフラのようなドメスティックな業種であれば、役に立つだけで国内ナンバーワン企業としてやっていけますが、グローバルビジネスだとそうはいかないですね。特に網業系。

たとえばSNSも、かつて日本のナンバー1だったのはミクシィですが、ツイッター、フェイスブック、インスタグラムと次々入ってきて、その後なくなったわけじゃないけれど……。

山口　事実上、存在感がなくなった。

水野　はい。ミクシィはその後違うビジネスを展開していきましたが、あれと同じことが、まだまだ起きていくということですね。今のメルカリはヤフーや楽天と比べれば、フリマ事業はすごく元気ですが、仮にAmazonやGoogleがフリマ機能に参入したら、業界地図はどうなっていくか。

山口　Googleは「役に立つ」のトップランナーですからね。Googleのシェアは世界中で90%を超えてしまった。要するに世界の一強です。

水野　網業界のウサイン・ボルト状態ですね（笑）。

乱立していた日本国内のQRコード決済も、ヤフー（PayPay）とLINE（LINE Pay）の統合でだいぶ整理がつきましたね。やはり、1位が強い。

3　ジャマイカ出身の元陸上選手（短距離）。北京五輪・ロンドン五輪・リオデジャネイロ五輪金メダリスト。

今こそ「モノ」の時代

山口　「役に立つ」の競争でも、ある程度ローカルな産業は案外、持ちこたえています。代表的なのは、運搬コストがかかるもの。たとえばガラスや陶器というモノは重くて嵩張《かさば》って単価が安いので、動かすコストのほうが大きくなってしまいますよね。そこで「ローカルでつくったほうがいい」となり、分散化しているんです。

水野　その点から言っても、網業は一番厳しいですね。動かしているのが電子なので、物理的に一番軽い。

山口　自動車や家電は「動かすコストが高すぎるからドメスティックに」というガラスと、「動かすコストがゼロに等しい」というウェブの中間にあると思います。だからまだある程度、その国ごとの企業が生き残れる余地があって、Googleほどの収斂《しゅうれん》は起きていないのでしょうね。

アスレチックの例をもう一つ出せば、日本のプロ野球は一軍登録選手が300人ぐらいいて、彼らは食べていける。それどころかかなり裕福な暮らしができます。

水野　確かに、100メートルのスプリントでは、世界ランク100位でさえ、食べていけないのに、国内で300人ってすごい。競技自体の人気というだけでは説明できないですね。この差って、山口さんはどう解釈しますか？

山口　野球はスプリントに比べて、物差しがはるかに複雑だからでしょうね。攻走守とか、いろいろな物差しがあって、「めちゃめちゃ打てるけど走れない」とか、「そこそこ打てて守りがすごい」とか、組み合わせで人それぞれの価値の出し方がある。つまり、物差しが複雑になればなるほど飲み込める人数が増えると思います。

ビジネスの話に戻れば、BtoBは非常に明確にKPI（Key Performance Indicator、重要業績評価指標）が決められていて、物差しがシンプルです。だから1位だけの総取りになる。グローバルのガチンコ競争となり、「人工知能でAmazonと勝負だ」となると、日本企業が「役に立つ」という価値で勝負するのは、けっこうきついと思います。

水野　世界を相手に「役に立つ」闘いをするならば、1位だけが総取りする厳しい競争に挑み続けなければならない。相当な「体力」がいりますよね。
「じゃあ、日本企業にはいったい何が必要か？」と考えると、やっぱり文明じゃなく文化に行かざるを得ないと僕は感じます。

山口　僕も間違いなく文化に行くと思いますね。何より、文明だけだと楽しくない。
今、日本は文明の価値を追求してBtoBのビジネスにシフトする会社もあれば、いわゆる開発途上国、これから成長していくような「まだ不便が残っている国」に市場をシフトする会社もある。かつて日本でやって成功した「役に立つを追求するビジネス」を、場所を変えてもう一度やるんです。再現ドラマですから、これまた正解がありますね。同じことを繰り返して楽しいかどうかは疑問ですが。
「意味がある」の方向に行けば仕事は確実に楽しくなります。「楽しい」ということは非常に重要です。特にBtoCで消費者に直接モノを届けるなら、楽しさは不可欠です。

水野　ここ5年ほど、「モノ消費からコト消費へ」なんて言葉が盛んに使われています。コト消費、つまり、その商品やサービスによって得られる体験を提供していこう、ということですが、その実態を見ると、ＢｔｏＣからＢｔｏＢにシフトチェンジしているだけの企業も多い。それで僕は、「安易にコトになんか行ったら、あっという間に崩れますよ。今こそモノの時代です」と言っているんですけど（笑）。

山口　おっしゃるとおりです。

水野　でも、「モノの時代である」と自分で断言したくせに、なぜそうなのかうまく言語化できずにいたんです。今回、山口さんのお話を聞いて「本当にモノの時代だ！」と根拠を得て確信しました。「意味があるモノ」自体が存在していなければ、その周辺にコト消費を生み出すことはできないですよね。

「文明という学校」をトップで卒業した日本の進路

山口　世界史的に言えば、文明は行き着くところまで行って、経済に頼って解決しなくちゃいけない問題が非常に少なくなった。もちろん、世の中には難病で苦しんでいる人もいますし、貧困や幼児虐待という経済システムの外側にあるすごく大きい問題は残っていますけれど。

特に日本は、1867年の大政奉還で明治維新が始まってから、「文明開化」という合い言葉のもとでひたすら「『役に立つ』を使った問題解決法」を追求してきました。

そして「音楽にたとえれば最終楽章」というところまで来たのが1980年代です。アメリカの社会学者エズラ・ヴォーゲルの「ジャパン・アズ・ナンバーワン」が出版されて世界的なベストセラーになったのが1979年のことです。この後1985年のプラザ合意の時点で日本は名実ともに世界ナンバーワンの経済大国になりました。文明をずっと教えてくれた先生に「あなたは私を超えました」と言われるまでになったわけです。

水野　「文明という学校」で日本という生徒がアメリカという先生を抜いて、「お前ら、たいしたもんだ」とお墨付きをもらった状況ですね。

山口　そうですね。いわば文明の卒業式がプラザ合意だったわけですが。そこで「文明」から「文化」へとギアをシフトできればよかったんです。ところが「目指すべきお手本」がなくなった時点から、日本は糸の切れた凧《たこ》のようになってフワフワと漂流を始めてしまうんです。そしてそのまま30年。平成って、そういう30年だった気がします。

水野　やがて、日本経済の元気もどんどんなくなっていった。

山口　文明という「役に立つ世界」にはすでに未来がないことはわかっているけど、文化という「意味がある世界」には怖くて行けない。そこでモタモタしているとやがては「役に立たない、意味もない」という存在になりかねない。「役に立たず、意味もない」となると存在価値が完全に失われてしまいます。かつてあれだけ輝いていた日本の家電産業の企業でも、三洋電機をはじめとして破綻する企業が増えてきていますね。背景には「役に立つから意味がある」という価値のシフトに対応できていないという問題があると思います。

水野　日本という凧の糸が切れちゃったね、みたいな話を、阿川佐和子さんとヤマザキマリさんと話していたとき、お二人が話していらしたんです。「日本は成金なところがあるんだと思う」って。

阿川さんは海外に住んでいらしたこともあるし、いつも客観的な視点で様々なお話をしてくださる方です。ヤマザキさんは『テルマエ・ロマエ』など、漫画家として有名ですけれど、とても博識な方で、10代で絵の修業のためにイタリアに渡ったから、ヨーロッパのこともよくご存知なんですね。

要するに、明治以降の日本には、欧米のお金や文化やアメリカの考え方がドバッと一気に入ってきて、成金になっちゃった。それを使って文明を発展させていって、世界一流の仲間入りをしたつもりだったけれど、知識もないしマナーもなってない。一流の仕立て屋で誂《あつら》えたタキシードを着ていても、「なんでこれを着ているのか」って意味もわからないという感じですよね。急激に成金になったから、文化レベルが追いつかなかった。

だから仕方なく、文明の世界、つまりどれだけ成果を出すかというアスリートみたいな物差しで勝負を続けるしかなかったんでしょうね。

自動車の「意味」はヨーロッパの貴族文化から始まった

山口　阿川佐和子さんとヤマザキマリさんと水野さん。すごい顔ぶれですね。今のお話を伺っていて思い出したのは、車の話です。

水野　自動車業界ですか？

山口　いや、時代をもっと遡って19世紀の話ですね。自動車には「クーペ」とか「セダン」とか「カブリオレ」っていう車体のタイプを表す言葉があるじゃないですか。あれってもともと、フランス語の馬車の種類なんですよ。それについて、鹿島茂さんが『馬車が買いたい！』（白水社）って本を書いています。

水野　19世紀のパリの社会風俗を、小説の主人公を通して描いた作品ですね。

山口　そうです。『馬車が買いたい！』ではバルザックの小説『ゴリオ爺さん』が取り上げられています。『ゴリオ爺さん』の主人公であるラスティニャックは野心満々の男で、成功を夢見て田舎からパリに出てくる。家族から「なけなしのお金をお前に投資するから、頑張ってパリで出世しろよ」とはっぱをかけられて、現代の日本の感覚でいうと120万円ぐらいのお金をもらって軍資金にするわけです。

当時のパリで名をなすにはまず社交界で顔を売って、上流階級のマダムに取り入るのが大事です。不倫もおおらかに許容されているから、青年たちが狙うのは、仲良くなったマダムから旦那さんに「私のかわいいツバメちゃんにいいポストをあげて」と推薦してもらい、「じゃあ、俺の会社の課長にしてやるよ」となること。だから青年たちはマダムにモテそうな一張羅を仕立てるんですが、馬車は高くてなかなか手が出ないわけです。

水野　今でいうと、「一流の女性を落とすために銀座のブリオーニでスーツを仕立てて、超高級車も欲しいぞ」みたいな（笑）。確かに服ならリボ払いで買えるけど、高級車までは厳しいですね。今の若者は、あんまり車は欲しくないようですが。

山口　当時の若者が馬車を欲しがったのは、極論すると馬車がラブホテルだったからなんです。マダムと馬車でシャンゼリゼなんかに出かけて、ちょっと郊外に止める。座席の後ろには、外から見えない秘密の小部屋がくっついているから、しばらくそこで……みたいな。

その馬車のタイプに、クーペやカブリオレというのがありました。貴族のファッションの小道具ですから見た目が重要で、最初から役に立つとか、どうでもいいんです。つまりヨーロッパの自動車産業は、貴族文化の延長線上にあるということです。

水野 そうだったんですね。出発点が、日本の自動車産業とまるで違いますね。日本の車は最初から、明らかに移動手段であり、「役に立つ」ものですもんね。

山口 その通りです。ヨーロッパと日本では、車というモノが出来上がってきた思想の背景が全然違う。日本もレクサスみたいな車をつくって一生懸命に文化の側に行こうとしていますけど、行けていない。

一方でヨーロッパは連綿と続く貴族文化に未だつながっています。たとえばフェラーリのデザインをやっているピニンファリーナなどのデザイン会社を総称して「カロッツェリア」と呼びますが、「カロッツェリア」はイタリア語で「高級馬車・馬車工房」って意味ですからね。

「日産自動車」と「Google」の決定的な違いとは？

水野　お話を伺っていて思い出したのが、日本人の欧文好きです。僕の会社も「グッドデザインカンパニー」ですし、車メーカーもカタカナのネーミングで新車を出して、こぞって欧文レター（字母）を使っています。でも「そのレターの意味がわかっているのか？」というと、そうじゃないことが多い。自動車の出発点が馬車だった文化を体感していないように。

たとえば、多くのロゴタイプ（文字のロゴ）は既存書体をベースにした上でデザインされています。でも、自社のロゴが何の書体をベースにしているか、大半の人は知らないですよね。役員でも知らない。ですが欧文書体には、その歴史や成り立ち、適した用途を知っておかないとおかしな使い方になってしまうものもたくさんあるんです。

でも日本語の書体も同じですよね。日本人がヨーロッパに行ったとき、日本食レストランの看板が、怪奇ミステリーに使うような怖い書体で「ラーメンにっぽん屋!!!」みたいになっていてギョッとしたり。変な書体の漢字でタトゥーを入れている外国の人を見て、「やっちゃった……」と思うようなこともありますす（苦笑）。

山口　しかも漢字自体が間違っていたりして（笑）。

水野　それと同じことを、日本の企業はビジネスの場でしている可能性があります。馬車の文化を知らずに、ただ単純に、カッコいい車をつくろうと上辺だけでやってきたとすれば、日本の欧文の使い方で見受けられる底の浅さも、悪い意味で日本っぽいなあと。やっぱり、ルーツや文化的背景を知ることは大切ですよね。

　ところで、日本車は世界中でこれだけ売れているのに、フェラーリみたいなブランドになっているものがとても少ない。「日本はフェラーリに乗ったって仕方ないような狭い国だからだ」と言う人がいるけど、イタリアもたいして国土は変わらない。

山口　というか、むしろ日本より狭かったりするし（笑）。

水野　むしろ石畳とかも多いから全然走りづらい（笑）。

　国土のサイズでは日本とさほど違いがないヨーロッパ車にブランドが生まれていて、日本車には生まれていない理由の一つは、先ほど山口さんがおっしゃったこと。つまり、日本の自動車メーカーは歴史や文化を考えずに機能や文明のほうにシフトしたがゆえに、美しい形が生まれなかったからと言えるかもしれない。

そして僕はもう一つ理由があると思っていて、それは日本車のエンブレム。ほとんどイニシャルですよね。

山口　たしかにそうですね。TとかSとかHとか。

水野　イニシャルじゃないのはスバルと三菱くらい。僕はレクサスが大好きで素晴らしい車だと思っているんですけど、レクサスのエンブレムの「L」に至っては、申し訳ないけどカタカナの「レ」にも見えてしまう。

山口　しまむらの「し」にも見える（笑）。

水野　この話をすると車メーカーの人から白い目で見られるんですけど（笑）、ブランドになれない理由としてすごく大きいと思っています。

欧米の車でエンブレムにそのままイニシャルを使っているところは少ないんですよ。フォルクスワーゲンはVWを使っていますけど、二文字を組み合わせた上でちゃんとデザイン化されたマークになっている。あとはだいたい文字じゃなくて、動物や盾だったり。

なぜかと言えば、日本の会社はエンブレムを決定していく過程で、意味をまとめることができないからだと感じます。だから結局、文字に頼るしかなかったんでしょうね。

たとえば会議で動物のエンブレムが提案されたとき、「これ、なんでうち、鷹《たか》なの？」「豹《ひょう》って動物でしょ。車に関係あるわけ？」とかいう議論になっちゃう。その点、イニシャルならわかりやすいですよね。

山口　「我々はホンダだからHだ」って納得感があるし。「NISSAN」なんてまんまですし。

水野　でも、これこそブランド化しない理由の一つかもしれないですよ。海外の人から見たときに、文字ってめっちゃダサいんじゃないかと思って。

立場をスイッチするとよくわかります。僕らが欧文をかっこいいと思うように漢字をかっこいいと思っている国があって、エンブレムに使ったとするでしょう。「MIZUNO」っていうメーカーがつくった車に漢字で「水野」ってエンブレムが付いていたら、つらい（笑）。

山口　「水」かも（笑）。僕なら「山」か（笑）。

水野　「水」「山」って、なんか暗号みたい（笑）。ノベルティも、「水」って書いてあるTシャツだったりして。まあ、ちょっとした罰ゲームみたいなことになってる。

山口　リテラシーのない人が見ると単なる模様だけども、リテラシーのある人が見ればきちんと意味がわかる、ということですよね。特にヨーロッパの紋章には一つひとつの模様に必ず意味がありますからね。たとえば自動車のアルファロメオのエンブレムには大量の情報が織り込まれていますよね。

水野　蛇が人を食っているという、よく見るとちょっと怖いものですね（笑）。

山口　あれはもともとミラノを治めた大貴族ヴィスコンティ家の紋章だし、15世紀のミラノの市章ですね。昔のアルファロメオのエンブレムには、「MILANO」の文字もありました。

蛇は十字軍で戦ったヴィスコンティ家を表し、飲み込まれている人はサラセン人で、当時ヨーロッパに攻めてきたイスラム教徒なんです。歴史、貴族のブランド、都市国家だったミラノの郷土愛、「敵を退治して領土を守った！」という誇り、そのすべてをエンブレム一つで語れているんですよね。

そう考えると、やっぱりスーパーマンの胸の「S」はかなり微妙だなと思うんですね。身もふたもないほどに単純ですよね。子ども心に、「惑星クリプトンにもアルファベットがあるのかな？」って疑問だったんですけどね（爆笑）。

一方で、日本を振り返ってみると、自動車のエンブレムに限らず、機能や良さを饒舌《じょうぜつ》に説明する方向にすり寄りがちなところはありますね。

水野　僕のところもグッドデザインカンパニー、とド直球ですが……（笑）。一応本来の意味は、デザインで世の中を良くする、という機能を備えている会社です（笑）。

山口　デザインの会社はちょっと別だと思いますけど「日産自動車」なんて何をする会社

かわかるようにつけています。

水野　それって国民性でしょうか。なぜ我々はそんなガチガチの頭の構造なんでしょうか。

山口　国民性というより、日本の組織を表しているんじゃないでしょうか。機能をそのまま社名にするっていうのは、コンセンサスをとりやすいからだと思います。

その点、アメリカは社名を見ただけでは業種がよくわからないネーミングが多い。たとえばGoogleってすごく変な名前じゃないですか。あれはスペルミスをそのまま名前にしているんですね。もともと検索エンジンをつくっていたとき、1のあとにゼロが100個並ぶ数字を表す「googol（グーゴル）」ってドメインを取ろうとしていたらしいんです。ところがスペルミスで「google」にしちゃった。しかもgoogolのドメインは他に使われていたから、社名もそのまま「google」という、ある種の茶目っ気なんです。

水野　Amazonも不思議な名前ですよね。アメリカの社名の付け方は、デザイナーからするとすごくいいと思います。

電線に分断された日本の美意識

山口　僕は水野さんのようなデザインのプロではありませんけれど、書体を含めたデザインと文化の結びつきについて、似たことは感じます。特に「かなわない」と思うのがワインのラベルですね。そんなに高価ではない中堅のフランスワインでも、ラベルを見るとつくり手の名前はもちろん、年号のローマ数字のフォントや字間、そのレイアウトなど、本当に「完璧だ」と思うのです。ワインを現在のようなボトルに詰めるようになったのは17世紀のことだと言われていますが、その頃にはデザイナーという職業はないわけですね。ワイン醸造家やその周囲にいる、デザインの専門教育を受けていない人があああいう完璧なデザインを生み出しているわけです。

あるいはフィレンツェのドゥオモの壁にはたくさんの紋章が描かれていますね。それぞれの紋章がラテン語とローマ数字と図像で完璧にレイアウトされている。あれを見ていると本当に敗北感がこみ上げてきますね。

その一方で、仏生会の時に京都の知恩院の三門にかかる大きな垂れ幕を見ると、これはこれで衝撃的に素敵なわけです。三門の木材の褪せた黒色と石畳の灰色というモノクロームの背景に紋が大胆に白抜きされた紫色の巨大な垂れ幕が風になびくのを見ると、これはこれで「完璧だ」としか言いようがない。不思議なのはこの感性と美意識がなぜ製品のロゴやデザインに反映されないのか、ということですね。

水野　安土桃山時代には粋を凝らした琳派の作品が生まれたし、文化として究極まで行き着いた「わび・さび」もあった。日本人は世界でかなりリードしていたはずです。

それなのに今のようになってしまったのは、戦争で負けたことが原因なのか、ペリーにいきなり来られたからか。たぶん、どこかに「欧米文化に負けてしまった」という分断のポイントがある。日本はそれからずっと風邪をひいているような状態だと感じますね。

山口　西洋建築の未来がなかなか見通せなかった20世紀の前半、ドイツの建築家のブルーノ・タウトは日本にやってきて桂離宮を案内されて感動のあまり泣いてしまう。まるでファンズワース邸のような、ミニマルな装飾と空中に浮かんだグリッドで整理されたシンプルな面の構成にタウトは「ポストモダン」を考えるためのパースペクティブを得るんですね。戦争に負けた僕たちは西洋の歴史を後追いするようなことをやっているわけですが、当の西洋側は行き着いた先の未来を描けない中で日本の過去にパースペクティブを見出しているという、変な循環構造になっているわけです。

水野　ファンズワーズ邸って、ミース・ファン・デル・ローエ[4]が設計した1950年代の個人邸宅ですね。そうか、僕たちは世界に影響を与える側だったのか。姫路城も桂離宮も、安土桃山から江戸の初めの文化だから、過去の栄光って言うにはだいぶ昔ですけど（笑）。

山口　僕が最近、衝撃を受けたのは、先進7カ国の首都の電柱・電線の地中化率です。ニューヨーク、パリ、ロンドン、ベルリンの電柱・電線地中化率はほぼ100％です。しかもパリやロンドンは1930年代の段階ですでに全部、地下に埋めているんですよね。一方で日本の電柱の地中化率はだいたい20％程度。先進7カ国の中ではダントツのビリです。「日本人は美意識が高い」と感じている人は世界中にたくさんいますが、実際にはそんなことはない。だってあんな醜いものが頭の上をのたくっているのに平気でいられるんですからね。

水野　電線で台無しになっている風景が、いったい、どれだけあるんだろうと思います。空があの黒い線で分断されているわけなので。

山口　「電線はきれいだ、電柱はかっこいい。文化として保存しよう」とか言っている人って誰もいないでしょう?(笑)。戦前のパリとロンドンもおそらく、「こんなのは埋めろ」って話になって、すぐに実行したんだと思います。

水野　東京都でも日本橋周辺の首都高地下化の計画が出ていますけれど、わりと最近の話ですよね。

山口　1964年の東京オリンピックのとき、「大勢の外国人が来る、羽田や横浜から都心へとスムーズに移動するための道路インフラを整備しなきゃ」となって、首都高をつくることになった。でも、土地の買い上げは時間がかかるし、地下に高速をつくるのはお金がかかる。そこで「もう川の上を通しちゃえ、川を埋めちまえ」という乱暴な話になって、今の東京の風景ができたわけです。これほど「川沿い」が美しくない国は先進国でも珍しいですよ。

つまり東京という都市そのものが「役に立つ」を目指した結果として乱造された産物なんです。インフラや便利さを重視して、文化をないがしろにしたのが1950年代から1980年代ぐらいまでの30年だったと思います。電線や首都高で桂離宮の頃の美意識とは完全に分断されてしまいました。

水野　現代社会の構図とまったく同じです。山口さんの著作『劣化するオッサン社会の処方箋』（光文社）に詳しいですが、「オッサン」[5]の思想ですよね。

山口　そうです。「オッサン」思想（笑）。

水野　成功体験にしがみつく「オッサン」思想が社会全体にはびこっている状態ですかね。電柱・電線の地中化のように、反対している人がほぼいないのに、なぜかプロジェクトが進行しない状況は日本企業にもあります。たとえば、スマホをつくっている日本のメーカーの人が、個人で持っているのはiPhoneだったりするんです。だって、カッコいいから。そして「好きなパソコンを選べ」と言われたらMacを手にすると思うんです（笑）。

それでも、業務としてはiPhoneでもMacでもない、カッコいいとは言えないものを作る。「つくりたいのはこれじゃない」と全員わかっているのに、なぜかカッコいいものをつくる方向に切り替えられない。それはなぜだろうと、メーカーの人たちとよく話しています。

4　ドイツ生まれの建築家。近代建築様式の代表者の一人。ガラスと鋼材による高層建築を提唱。バウハウスの最後の校長を務めた。
5　古い価値観や成功体験に固執し、学ぶ姿勢を失ってしまった人のことを指す。

便利を捨てる勇気・判断する勇気

山口　オッサン思想を切り替えられないのは、勇気の問題もあるでしょうね。そもそも何か提案する際には、アカウンタビリティ（説明責任）がついてきます。

水野　プレゼンや企画提案に必ずついて回る問題ですね。

山口　ええ。仮にニュータイプの新幹線導入を提案する際、理由づけに「今まで2時間半かかっていた東京―大阪間が1時間になる」と説明したら、その価値は定量化できるので誰にでもわかりやすい。この提案には全員一致で「やったほうがいい」となるだろうし、少なくとも立案者が「やりましょう」と主張するのに勇気はいらないと思うんですよね。

水野　確かに。

山口　ところが、「首都高の地下化」という提案をする場合、説明は難しい。「輸送効率がこれぐらい上がります」というような、数値化できるものや便利さがはっきり提示できませんから。

「じゃあ、どういうメリットがあるの?」と聞かれたとき、理由として言えるのはせいぜい美観とか伝統くらいです。「日本橋は浮世絵にも描かれた、日本人にとって重要な建築モニュメントです。そのモニュメントの美観が首都高によって台無しにされている」といった抽象的な反論しかできないから、コンセンサスが取りにくいですよね。最終的には「なぜなら私がそう思うから」としか理由づけできない。アカウンタビリティという観点では0点で、まるで「青年の主張」です。

でも、それこそ意味や文化の世界ではないでしょうか。「電柱は美しくない。この街にそぐわないと僕は思う」っていう青年の主張が受け入れられたパリやロンドンは、主張する勇気がある人も、受け入れる文化がある人もいたのかもしれません。

水野　僕はプレゼンがすごく通るんです。あ、一度だけ、いったん通ったのに、後から「占い師がダメって言った」ってひっくり返されたことがありますが（爆笑）。占いはともかく、山口さんのお話を聞いていて自分のプレゼンが通る理由が整理された気がします。

経験上、企業の人は意味がきちんとそろっていないと、「その案でいい」と言えないと思っていたので、僕はマーク一つつくるときも、全部資料を繙《ひもと》いて徹底的に調べるんです。それで僕はプレゼンを「研究発表」って言っているんですが（笑）。資料をとことん調べて、あるいは現地まで足を運んで取材したうえで、「この商品はそもそも歴史的にこんな背景で、この商品名にはこうした意味があるから、ロゴは同じ歴史を持つこの書体を土台にするのがふさわしいんです」と説明する。そうじゃないと自分も嫌だな、というところがありますし。もちろん、歴史や地域などに縛られないものを提案することもありますが、そのときも必ず理由を説明できるようにしています。

その結果、企業の人たちも、「水野さんの話を聞いていると、このロゴしかないね」という状態になります。僕がつくっているものは文化の側だけれど、なぜそれがいいかという理由を、できる限り言語化しています。

山口　それは相手側が自分で選べないときにも有効な方法ですね。日本は青年の主張を許さないというか、「私がそう思うからやるべきだなんて主張は許さない」という社会的な圧力が働いている気がします。つまり外在的な理由づけができないものについて、コンセンサスが取りにくい。

仮に水野さんが調べ抜いて「これしかない！」というデザインをつくり、説明抜きに提案したとします。企業側の若手が「よくわからないけど、これはかっこいい。絶対にいい！」と受け入れたら、たぶん、居並ぶおっさんたちは面白くないでしょう（笑）。「かっこいい理由」が言語化されてないから、「これがいい」と判断する勇気が持てない。

なぜ、「これがいい」と選べないのか？

山口　実際に水野さんがデザインを提案して結論をクライアントに求める際、相手側はすぐにイエスノーを言わないってことはないですか？　お互いに周りを見て、「みんなこれがいいと思っているのかな？」って様子を窺《うかが》っているようなことが。

水野　山口さん、僕のプレゼンを柱の陰から見ていましたか？（笑）。まさにおっしゃるとおりで、相手の企業側がなかなか判断できないことはしばしばあります。「念のため、もう1、2案デザインを出してもらって比べよう」という空気になることもあります。

でも、デザインのプレゼンが「研究発表」である以上、別の仮説を立てるにも根拠が必要です。そこの議論なしにただ別案をつくって多数決しても、機能するデザインにはならないんですよね。

「それでも、一応他の案も見てから選びたい」となることもあります。そういうとき僕は、「デザインを選ぶというのはとても難しいことなんです」と説明します。選ぶためには歴史も背景も、研究発表できるくらいに知っていなければいけないからです。「だから、とりあえずいくつかの案を出させよう、その中から好みや気分でなんとなく選ぼう、というのはやめましょう。まず、お話を聞かせてください。どこがひっかかるのか。もっとどうなっていたらいいと思うのか、意見を聞かせてください。別案をつくる場合は、それを反映した上でつくりたいんです」と伝えるようにしています。

山口　デザインディレクターの川崎和男さんもやっぱり一案しか提案しなくて、「考え抜いて、考え抜いて、必然的にこれしかないんで」っておっしゃる。それで相手に「他の案はないんですか?」って言われると、黙って帰るという武闘派(笑)。

水野　強い(笑)。僕は意外と我慢強くて(笑)、「もう一案って、たとえばどんな案ですか?」と聞いてみちゃいます。すると相手から出てくるのは、すでに僕たちがやってみて、「これはないな」と判断したアイデアなんです。

そういうのは、提案はしないけれど、資料としては持ってきている。なにせ「研究発表」なので、手元には研究の過程で選ばれなかった大量のボツ案があります(笑)。「つまりこういうことですよね」と出してお見せして、「それはすでにつくったんですが、こういう理由でボツにしたんです」と説明します。

先ほどの例で言えば、みんなが「車は馬車から始まっているんだよ」という文化をわかっていたら、きっと一案は、馬車の背景を持つ車体デザインが社長決裁まで上がっていくはずです。でも、誰も歴史や文化を知らないと、「なんとなく」とか「好き嫌い」とか「このほうが売れそうだから」というふんわりした「気分」で判断されてしまう。

デザインは意味で固めないかぎり無限につくれちゃうので、僕は意味を調べ抜く研究発表方式にたどり着いたのだと思います。

山口　自分で判断して選ぶことに慣れていないというのもありそうですね。そのへんも日本人が弱いところかもしれない。

それで思い出すのは、面白法人カヤックですね。あそこは不思議な会社で一時期、画廊をやろうとして自由が丘にギャラリーを開いていたそうです。CEOの柳澤大輔さん自ら店主をしてね。

水野　結構、似合っているかも（笑）。

山口　柳澤さんがすごく面白いと言っていたのが、外国人のアートの買い方です。近所に住んでいる子連れのお母さんがふっと入ってきて、しばらく絵を見て、「これちょうだい」って野菜を買うみたいに買うらしいんですね。20万〜30万円する絵をですよ。

それに比べて日本人は、ざーっと見て「誰が売れているんですか」とか聞くらしい。騙されないように用心して評判を確かめる、つまり自分で判断ができないんです。

たぶんリテラシーの問題というか、日本人の多くは「自分で良し悪しの判断ができるぞ」というクリエイティブ・コンフィデンスがないのだと思います。それが、クリエイティブ・リーダーシップが発揮できず、美の競争優位に立てない足かせになっている。

水野　クリエイティブにまつわる自分の判断やスキルに、自信が持てない。だから山口さんがおっしゃるように、「これがいい」と自分で判断、意見を言う勇気も出ない――本当にそうですね。『センスは知識からはじまる』(朝日新聞出版)という本でも書いたのですが、日本人の「センス」に対するコンプレックスは、ほんとうに根深いものがあります。

プレゼンあるあるのもう一つは、「『わからない』からこそ『余計なことを言っちゃう』症候群」ですね。提案された○○は若者に大人気らしい。でもそれ自体知らないし、良さも理解できない。だからこのアイデアがいいのか悪いのかすら判断できない……。そんなときに、「この良さは自分にはわからない」とは言い出せず、かといって何も言わないと仕事していないみたいになっちゃうから……。

山口　「いやあ、もっと詳しい性能を説明したほうがいいでしょう」などと的外れなダメ出しをしてしまう?（笑）

水野　はい。一人が言い出すと後追いで的外れなコメントが続いて、すべて取り入れたらめちゃめちゃになりかねない悲惨な事態に（笑）。それを避けるためにも、理由をきちんと説明できる準備は、念入りにしていきます。

でも「自分にはわからない」って、優秀な人ほど言えるんですよね。経験上、優秀なトップほど、「自分にはこのセンスは全然わからないから詳しく教えて欲しい」とか「自分の年代だとピンとはこないけれど、きっといいんだろうから全面的に任せます」っておっしゃるんです。デキる人ほど、自分が判断できる「範囲」をわかっていて、知らないことは質問できる軽やかさも持っていると感じます。

企業がためらいを乗り越える二つの方法

水野　企業で「オッサン」思想に染まった人たちが判断する勇気を出せない理由は他にもあって、「終身雇用だから気まずくなりたくない」とか「守るべきものがある」とか、くだらない話になっていく（笑）。理由はともあれ、僕らの仕事は、企業側にためらいを乗り越えてもらうことでもあります。それで僕が編み出した方法は……。

山口　編み出したわけですね（笑）。

水野　一つは「黒船が来たぞ！」作戦。ペリー来航のとき、それまで争っていた藩同士がピタッと仲良くなったあれです。「地球上から戦争をなくす方法は？」っていうクイズがあって、僕が好きな答えは「宇宙人が侵略してくる」というもの。早い話が、もう変わらざるを得ないという業界の状況であるとか、海外との競合とか、外圧を利用するという方法です。

もう一つは「やってみなはれ」作戦。経営陣が的確な判断をしてトップダウンで指示をする。具体的にはいわば「クリエイティブ特区」を社内につくってもらって、営業や技術といった現場の社員にもそこのルールで動くように指示する。

山口　「やってみなはれ」はサントリー創業者の鳥井信治郎さんの言葉ですね。今もあの会社のある種の社是であり理念です。

サントリーは、1兆円企業でいちばん役に立たないものをつくっている会社だと思います。なにしろ酒ですから、売れば売るほど役に立たなくなる（笑）。

水野　健康志向・効率重視で「飲まない人」が増えている現代においてはなおさらですね。

山口　日本の会社のほとんどは役に立つものばかり追求しているから、かなり独特な存在。そんなサントリーには文化があるというのが、非常に象徴的です。

水野　サントリーとはかなりスタイルが違いますが、僕が関わっている相鉄グループも、結果としてトップダウンになりました。

２０１３年に、のちに相鉄の鉄道部門のブランディングを一緒にやることになった丹青社さんを通して依頼が来たんです。「鉄道会社の仕事です」と言われて、どこですかと聞いたら「相鉄さんなんですけど」と。それを聞いて「うわあ」と思いました。僕、茅ヶ崎育ちの神奈川県民なので(笑)。

愛を込めて言いますが、相鉄線って、われわれ地元民からすると垢抜けない路線なんです。二俣川駅に運転免許センターがあるから神奈川県民なら一度は乗るのですが、地味で、だからこそ愛着が湧いちゃうような路線。同じ横浜を通る東急線のおしゃれイメージとは対照的です。

その相鉄線が、少子化や高齢化を見据えて「沿線価値の向上が必要だ」と立ち上がった。２０１７年には創立１００周年を迎え、さらに２０１９年度にはＪＲ線、２０２２年度には東急線と直通して「都心に乗り入れる」という起爆剤もあった。外圧としては十分でした。

山口　それで車体から制服から駅から、すべてが新たにブランディングされたわけですね。

水野　はい。最初はもっと部分的な依頼だったし、各担当者から「前はこうじゃなかった」とか「何案か出してもらって会議で検討させてください」と言われるところからはじめました。でも、僕が本格的に加わって、いくつかを変え始めたときにガバッと経営陣の頭の構造が変わって、トップダウンになったんです。

当時は社長、現在は会長の林英一《ひでかず》さんは「これ、水野さんに見てもらったの？」が口癖になったし、僕も「変にいじっちゃう前に、早めに見せてください」みたいな話をして（笑）。今は、鉄道関連だけでなく、広告宣伝、ホテル事業、沿線開発など相鉄グループ全体のクリエイティブディレクターとして関わらせていただいています。株主総会の資料までチェックしています（笑）。

山口　それを受け入れた相鉄さんもすばらしいですね。

水野　相鉄さんにも、「やってみなはれ」的というか、社員を信頼して現場に判断を委ねる文化があるんですよね。だから、「クリエイティブ特区」もつくってもらい、トップとも直接やりとりすることで、うまくいっています。

プロジェクトごとにチームを組んでいて、鉄道であれば、丹青社の洪《こう》恒夫さんと僕の二人がクリエイティブディレクターとして立ち、相鉄の皆さんと一緒に「デザインブランドアッププロジェクト」を進めています。僕らの監修のもと、制服だったらスタイリストの伊賀大介さん、車両だったらプロダクトデザイナーの鈴木啓太さんとGKデザインさん……と、必要に応じて外部の専門家の協力も得ながら形にしていきました。

広告宣伝・PRでは「イメージアッププロジェクト」を立ち上げて、僕がクリエイティブスーパーバイザーとして総合監修し、コピーやステートメントならコピーライターの蛭田《ひるた》瑞《みず》穂《ほ》さんに開発してもらう。広告やイベントは電通に依頼する、という形です。

外圧を利用する。トップダウン型クリエイティブ特区をつくる。これが、企業がためらいを乗り越えていく秘訣ですね。

あ、あとは、外部の人間をうまいこと利用する(笑)。ときどき、社員の立場だと上司に言いづらいことを「水野さんから言ってください」と頼まれたりもするので(笑)。

個人が「役に立つ正解」に拘ってしまう原因

山口　経営学者の楠木建先生が言っていて面白いなと思ったのが、「優れた経営者は、自分ごと化している」という話です。もっと言うと、「これは嫌い」とか「これが好き」とか、わがままなんですね。

「役に立つ」が価値だった1960年代、70年代は、市場調査をして多くの顧客が好んでくれそうなものを知り、できるだけニーズ通りにつくって売ることが定石となっていた。大きなビジネスをやるためには市場に存在するできるだけ普遍的な欲求不満をすくいとりたい。なのでまずは「客の不満」を聞くのが大事だった。こういう時代には、そもそも「自分の好き嫌い」の表明は求められませんでしたし、それを主張したところで「聞いてないよ」と返されるだけでした。

でも、モノをつくっても売れない時代になった今は、わがままが必要です。スティーブ・ジョブズはものすごくわがままな人だと思いますし、わがままは面白がる力につながります。

それなのに、正解にたどり着くことばかり求められて、面白さのアンテナを切ってしまっている人が多い気がします。だから個人が、「僕がかっこいいと思うからこれがいい」と意思表明できず、「役に立つ」に拘《こだわ》ったままで立ち止まっている。

ちなみに「客観」と「主観」という言葉がありますね。ビジネスの現場で「客観」と「主観」で比較すれば、明らかに「客観」がポジティブなのに対して「主観」はネガティブなわけです。「これは客観的なデータです」と言うとき、それは自分の主張に正当性があるために言うわけですね。一方で「それは主観的な意見ですよね」という場合には「主観」はどちらかと言うとネガティブな含みがあるわけです。しかし元々の漢字をあらためて調べてみればわかりますが「客」というのは「重要でない」という意味なんですね。だって「主」じゃないわけですから。一方で「主」は「重要なこと、中心にあること」という意味です。主題、主要、主都……つまり「主＝ぬし、おも、あるじ」なわけです。現在のビジネスの現場で過剰に「客観」が重んじられるのは実は非常に由々しきことなんですよ。

水野　すごくわかります。

山口　象徴的な話だと思うのは、日本で本格的な検索エンジンのサービスを最初に始動したのはＮＴＴなんです。95年にＮＴＴが「NTT DIRECTORY」を始めて、Ｙａｈｏｏ！

JAPANが96年にスタート。

それから、ジェフ・ベゾスがまだ書籍しか扱っていなかったAmazonを始めた時期に、IBMも「ワールドアベニュー」っていう電子商取引のサービスを開始しています。

不思議じゃないですか？　GAFA[6]は新しい会社で最初は小さかった。彼らが出てきたとき、大手も同じことに手をつけていて、カネも、人も、ブランドもある有利な立場にいたわけです。それなのに、結果としてベンチャーに負けています。これは大手にはモチベーションがないからで、モチベーションがすべてをひっくり返す時代になっていると思いますよ。

水野　確かに昔は、情報も人も相当なお金がないと集まらなかった。企業の垣根がすごく高くて、全部自社内で賄っていましたね。でも今は、経営資源が揃っていることが事業成功の条件ではなくなっている。

山口　人とモノとカネなんかなくてもいいから、モチベーションがあるかどうかが最大の競争力になった。それが今の世の中だと思います。現在は金利も下がっていますしありとあらゆるテクノロジーにアクセスできるので、こういった経営資源の格差が競争優位を左右することはありません。一方で、ありとあらゆるモノが溢れている状態で「ハングリーになれない人」がほとんどになってくると、モチベーションが最も重要で希少な経営資源になります。

6　グーグル（Google）、アップル（Apple）、フェイスブック（Facebook）、アマゾン（Amazon）の4社のこと。頭文字を取って称される。

世界のすべてのブランドは、日本が生み出した？

水野　「どれかを選ぶ」というときに、自分のワクワクよりも「役に立つ」を選んでしまうのは、根深い問題でしょうね。

僕が慶應義塾大学で講義をしていたときに題材としてよく使っていたのは、時計。腕時計の始まりは19世紀の初め頃と言われていて、たとえば今も人気のサントスは、SF小説と飛行機が大好きなサントス・デュモンが、友達だったルイ・カルティエに「空を飛ぶとき用のちっちゃい時計が欲しい」と頼んだのが始まりだそうです。つまり、「腕に巻いても壊れない時計」という役に立つ価値は、100年以上前にもうできている。

　その前提で僕が講義で話すのは、「江戸時代の人たちをずらっと並べて腕時計のプレゼンをする」というお題。

「Aの時計は安くて丈夫で夜は電気がつく。太陽熱で充電されるので電池交換もいらない」「Bの時計はものすごく高くて水に濡れたら壊れるし、自分で巻かないと止まるし、時々お店でメンテナンスをしなきゃいけない」

　こうやって説明していくと、江戸時代の人たちは全員「そりゃAだろ！」と言うと思うんです。日本は幕末にようやく懐中時計が使われはじめたくらいで腕時計自体がないんですから、物凄いわけですよ。ちなみにAはG-SHOCK、Bはパテック　フィリップ（笑）。

山口　G-SHOCKは江戸の人たちに大人気でパテックより高値がつくかもしれません。「すげえ！　何これ！　字が浮かんでいる！」みたいな（笑）。

水野　これは文明が行き着いた先には文化が求められることの象徴の話だと思うんです

よ。文明がまだ途上だった江戸時代はG-SHOCKが「すげえ！」だけれど、僕たちはもはや文明が欲しいわけじゃない。文化が欲しいからパテックを選ぶ人だっている、と。

山口　いや、わかります。水野さんのお話で改めて思い出したんですけど、今の高級ブランド時計はもともとスイスの小さな工房で、最初は意味なんて考えずに、ただ役に立つ時計をつくっていたと思うんです。

それがやがてメカニカルに高度なものを追求していって、歯車という機械式でどんどん凝ったものをつくるようになった。ブレゲが重力を分散させる「トゥールビヨン機能」を発明したり、ロレックスが自動巻き機構の「パーペチュアル」を生み出したりね。

水野　パーペチュアルはカレンダーの調整がいらないので、当時は画期的だったでしょうね。それを全部歯車でやるっていうんだから、天才職人というより天才発明家の技ですよね。

山口　そうやってスイスがひたすら「役に立つ」の道を突き進んでいたとき、東洋の島国が登場したんです。「いや、機械式はやめてクオーツを使えばいいじゃん？　めちゃめちゃ安くちっちゃくできるよ！」っていう感じでしょうか。

水野　セイコーの登場ですね。しかも特許として公開したから、1970年代は安いクォーツ時計が世界中に広がった……スイスの時計産業は大打撃だったでしょうね。

山口　まさにそれです。スイスでは、歯車を使った技術革新を追求してきたけれども、工程はすごく大変だし、価格も200万〜300万円になっちゃう。東洋の島国から正確で大量生産できる5万円の時計がやってきたとき、あまりのぼろ負け感に、「じゃあ、俺たちも5万円のやり方に行くか」という議論もあったでしょう。

でも、自分たちの組織能力や長年働いてきた職人さんたちを考えたとき、「やっぱり違う戦い方をしないと産業を守れない」となったのではないでしょうか。

結局スイスは持つ人にとって意味がある、自己表現としての時計をつくるという方向転換をした。その結果としてカジュアル寄りのスウォッチやロレックスのスポーツウォッチ、あるいは貴族的なブレゲ、億を超えちゃうリシャール・ミルが生まれた。もちろん市場から撤退した会社もあると思いますが、「役に立つ」の勝負から降りて、「意味がある」の道に切り替えたメーカーが、一流ブランドになっていったのだと思います。

水野 それって、すごい話じゃないですか。この地球上の「ブランド」という概念は、日本人がいたからできたという可能性がありますね。

中国のドローンが日本のブランド化の起爆剤となる？

山口 ブランド誕生のきっかけに日本人がいた可能性は大いにあります。少なくとも水野さんが例に出した時計業界を入れて三つの業界で、ブランドが誕生した背景に日本が登場したことによる危機感があると言っていいと思います。

まずはカメラ。カメラも最初は「役に立つ」の勝負で、ライカやローライフレックスだって単なる記録するデバイスでしょう。

水野 ライカの誕生は20世紀の初め。今でこそ味があるとか持っているとかっこいいとなっているけれど、当時は質実剛健系だったかもしれない。なにしろドイツの会社だし（笑）。

山口　僕はカメラも好きなので、「ライカが欲しいな」と思うのですが、フルサイズだとレンズを合わせて200万円もする。「性能はどうなの？」ってプロのカメラマンに聞くと、「いや、キヤノンにしとけ」って言われるし（笑）。

水野　オールドライカやローライフレックスの二眼カメラの状態がいいものは、いまだに高額で取引されていますよね。欲しくてたまらない人、たくさんいますよ。

山口　おそらくカメラ業界でも、ヨーロッパが「役に立つ」からスタートして成熟してきた頃に、めちゃめちゃ器用な日本人が現れて、「壊れなくて、きれいに撮れて、大量生産できて低価格なカメラ」を打ち出してきた。時計と全く同じ構図です。「カメラ業界の『役に立つ部門』で頑張っている皆さん、そこのポジションには僕らが入るので、速やかにどいてください！」って東洋の新参者に言われたとき、役に立つけれど意味がないカメラメーカーはズルッと落っこちて市場から消えてしまった。

水野　そうか、ライカがめちゃめちゃ高級で格好よくて、持っていること自体がステイタスになる方向に行ったのは、生き残りを賭けた事業戦略だったんですね。生まれつきかっこいいわけじゃなくて、後天的な努力のイケメン（笑）。

僕は職業柄、いろいろなメーカーのカメラやレンズを持っています。ライカのレンズってボケ足が絶妙で、やっぱりいいんですよ。でもボディは重いんです。だから普段は、ソニーのα7っていうミラーレスのボディにレンズだけライカをつけることが多いです。だけど海外ロケに行ったときなんかに「いいカメラ持ってるね！」って声を掛けられるのは、決まってボディもライカを使っているとき。ライカの赤いロゴマークを見て、「お前わかってるじゃないか」とバーの店主が一杯奢ってくれたこともありました（笑）。

山口　時計、カメラと同様に日本からの刺激によってブランド化したのが自動車です。1970年代から80年代にかけて安くて丈夫で高性能な日本車が登場し、自動車業界に時計やカメラと同じことが起きています。

ポルシェだってその時期は深刻な経営危機に陥って、ポルシェ930ターボは1974年にデビューして15年間モデルチェンジしていないんです。ポルシェにとってドル箱だったアメリカ市場が日本車に奪われて経営的にとても厳しく、新車の開発どころではなかったんですね。

でも、あの危機があったから、ポルシェは今のようなブランドになったのかもしれない。「価格と性能で考えたら日本車に絶対勝てない。意味を買ってもらおう」という方向にシフトできた会社は生き残れた。それができなかったロールス・ロイスもアストンマーティンもジャガーも過去に何度も潰れていて、80年代はイギリスから自動車メーカーが消えたんです。

水野　確かにそうですね。アストンマーティンはフォードの傘下だった時期が長いですし、今もロールス・ロイスはBMW、ジャガーはインドのタタ・モーターズの傘下。イギリスの会社じゃなくなっちゃった。ローバーに至っては会社もブランドも消滅してしまったし。

でも、ほとんどのイギリス車が最高級車として生き残ることができたのは、それをブランド化したヨーロッパ自動車業界の総合力みたいなものですね。

山口　もっとも、70年代のヨーロッパで特別な自動車だったのはロールス・ロイスくらいのもので、ジャガーなんて「ちょっと裕福だ」というくらいの人が普通に乗れたと思うんです。

いずれにしろ「役に立つ」の価値で言ったら、たいていのヨーロッパ車は日本車には敵わない。とはいえ僕は結婚した頃、1970年前後のジュリアスーパーというアルファロメオに乗っていたのですが。

水野　間違いなく、「役に立たない」車（笑）。

山口　いや、水野さん、役に立たないどころじゃないです。産まれたばかりの赤ん坊を後ろのチャイルドシードに乗せているときに、高速道路でブレーキが勝手にかかって急に止まっちゃうっていう、味がありすぎる車です。

そこでうちの両親が登場してきて、「大事な孫に何するんだ！　あの車を売れ」と大変な剣幕。妻に「周のわがままを聞く必要は一切ないから、あなたの乗りたい車にしなさい」ってなって、彼女が選んだのはレクサスです。「役に立たないけど意味しかない車」から、「意味はないけど役に立つ車」への大転換。車の歴史を実体験しちゃいました。

話がそれましたけれど、時計、カメラ、自動車は、日本の登場でブランド化したという仮説は成り立ちそうですよね。

水野　そうするとですよ、まさに今、日本が置かれている状況って、完全に70年代、80年代の欧米諸国と同じ……。「役に立つ」を追求して、完全に行き詰まった状況じゃないですか。

韓国は低価格で高性能な電化製品をどんどんつくっているし、中国のＤＪＩのドローンはものすごく優秀です。これからは他のアジアの国からも、もっとすごい「役に立つ」文明系のものが安く出てくるかもしれない。日本はかつて自分たちがヨーロッパにしたことを、アジアの他の国にされている。これが日本のブランド化の起爆剤になるかもしれません。

山口　まさにその通りです。この先は「意味の世界に行かなくちゃヤバいぞ」とスイッチを切り替えてブランド化する会社と、今までの「役に立つ世界」の延長線上でずるずるやって消えていく会社に分かれるでしょう。イギリスの自動車メーカーと同じようなことが起こったのがサンヨーでありシャープだと思います。

うまく活路を見出せばブランド化して生き残れるのですから、希望が持てると思います。

バルミューダというオルタナティブな実例

山口 「意味がある」の会社の例として、僕はよくバルミューダを挙げています。他社製品なら2000円で買えるのに2万円のトースターを売り出して、10年間で売上が1000%成長しています。これは一つの流れなのかなという気がしています。

機能ではなく「意味がある」というニッチを追求して、SNSの力で世界中のニッチな人に商品を届ける。世界が市場なら、いくらニッチでも分母が違いますからね。広告代理店を使って日本人全員に買わせようとするよりも、たくさんの人に売れます(笑)。

日本の産業全体にとってチャレンジだと思うのは、意味で世界と勝負できる会社になってブランド化するときに、誰がそれをドライブするのかという問題です。先ほど水野さんのお話があったように、企業の人たちの多くは、自分で判断するのが苦手です。

だから水野さんみたいな外部のインディペンデント・デザイナーとかクリエイティブディレクター、あるいは広告代理店の力を借りる。

僕は電通や博報堂の知り合いに「意味をつくる仕事をすべきだ」と焚き付けているんだけれど（笑）、広告代理店は「AI推進プロジェクト」とか「ビッグデータ企画室」みたいな「役に立つ方向」を見ていますね。すごく不向きな路線で勝負しようとしている気がします。

水野　クリエイティブディレクターは、「新しい方法で意味をつくる」という役割があります。いわゆる「ブランディング」の一環です。

ブランディングをうまく進めるには、おっしゃるとおり、外部のクリエイティブディレクターを入れるのがいちばんスムーズだと思います。僕自身もこの立場で、様々なブランドや企業と関わっています。

あるいは、企業のトップや経営陣に、優れたクリエイティブディレクターもしくはクリエイティブ担当がいるケースもありますよね。Appleにはスティーブ・ジョブズがいました。バルミューダの寺尾玄さんもこちらにあたると思います。

いずれにせよ、「新しい方法で意味をつくる」ことができる人材の増加が、喫緊の課題ですね。

大切なのはセカンドペンギン

山口　「新しい方法で意味をつくる」という話は、リーダーシップ論につながると思います。これからの日本には美の競争優位と、クリエイティブ・リーダーシップが必要だと僕は考えているんですよ。

同時に、「リーダー不在が問題だ」とか「リーダー待望論」なんて言われていますが、本当にそうなのかという気もしているんです。

水野　リーダーになれる人材はすでにいるということでしょうか？

山口　リーダー誕生のプロセスを電柱地中化の例で分解してみると、こういう話だと思うんです。
「パリに電柱は似合わない。地中化するべきだ」と言い始めた最初の一人は、この時点ではまだリーダーじゃないですよね。ただの変わった意見を言う人です。でも、「あ、その意見に私も賛成」って誰かが言ってフォロワーが生まれた瞬間、その人はリーダーに変わる。つまりリーダーシップとは関係性によって成立する「場に関する概念」だということです。「リーダーしかいない」というのはだから「フォロワーがいない」ということでもある。
よく「ファーストペンギンになれ」と言うけれど、ファーストってまさに相対的な概念で、セカンドが出たときに初めてファーストになるんですよね。

水野　たしかに……。そうか、ファーストになれないファーストペンギンは、実はたくさんいるのかもしれないですね。

山口　そうなんです。でも、一羽で真っ先に飛び込んで、「あいつ、オットセイに食われちゃったよ」となると、「ファーストペンギン」ではなく「アローンペンギン」にしかならない。「アローンペンギン」を「ファーストペンギン」にするのは「セカンドペンギン」なんです。

セカンドペンギンがいない理由について、僕は仮説があって、それは「日本人はリーダーが嫌い」ということではないか、と思っているんです。クラスの中で周りの空気を読み合って意見がまとまりかけているとき、「これはおかしいと思う」とか言い出す奴がいると顰《ひん》蹙《しゅく》を買うでしょう？

水野　「めんどくさいやつ」とか、「いいカッコしてる」とか「目立ちたがり」とか。それって会社組織でも同じですね。浮いてしまうというか、周りから浮かされちゃう。

クリエイティブ・リーダーシップの時代

山口　セカンドペンギンというフォロワーをつくるために、昔はカリスマがリーダーになったし、90年代まではロジカル（論理）リーダーシップとかアナリティカル（分析）リーダーシップが求められていました。

水野　論理と分析のリーダーシップ。確かにわかりやすいですよね。アナライズやロジカルは「役に立つ」の物差しですし、世の中にたくさんある問題をテクノロジーで解決するなら、実際に役に立ちます。

山口　はい。論理や分析は、正しさが普遍性をもって担保されますね。科学的合理性というには少し無理がありますが、「この人についていけば正解だ。自分がバカの仲間になることはない」というのが、周囲に見えやすいんです。

でも、「意味がある」の物差しを使うクリエイティブ・リーダーシップはすごく難しい。何が美しいか、カッコいいか、意味があるかという正解がない世界で「私はこの人の言っていることは正しいと思うので応援します」って言うこと自体、すごく勇気がいると思います。みんながその意見を正しいと思ってくれるかどうか保証されていないから、水野さんがプレゼンで体験しているように、周りの顔色をお互いに見ながらなかなか決断しない。

水野　下手をしたら、ファーストペンギンとセカンドペンギンがオットセイに食われる様子を見物しながら、残りのペンギンがつるんで笑うって可能性もありますしね……。

山口　だからこそ、フォロワーシップ自体がリーダーシップになり得る。セカンドペンギンはリーダーを作り、次のフォロワーにつなげるための新しいリーダーという側面もあると思います。これからは企業のトップだけではなく一人ひとりに、クリエイティブ・リーダーシップや美の競争優位が必要になってきます。自分の感覚を大切にして、「自分がカッコいいと思うものはなんといってもカッコいいんだ」って言えることがすごく大事だと思います。あるいは、誰かの提案を自分の感覚で判断して、「この意見はすごく重要だ」とか「誰も応援しなくてもこの人の提案を私は支持する」と言えるイニシアティブが、意味の時代には不可欠です。

水野　さっきおっしゃった「勇気」に限りなく近い話ですね。リーダーにもフォロワーにも、クリエイティブ・リーダーシップが必要なのが意味の時代であり、文化の時代。それがブランディングにもつながっていく気がします。先ほども話に出たクリエイティブ・コンフィデンスは、必須のビジネススキルになっていきますね。

Ⅱ　物語をつくる

「ターゲット＝自分」という設定ミス

水野　いろんな企業の人たちと仕事をしていて、必ず出てくるのが「ターゲット」という言葉です。だから「ターゲットはどんな人ですか？」と聞くと、「25歳から35歳の女性です」という答えが返ってくる。そんな雑なターゲットって存在しないですよね（笑）。

仮に同じ年代でも、「日曜の夜は必ず『世界の果てまでイッテQ！』を観ています」って女性と、「『日曜美術館』を観ています」って女性が同じターゲットであるはずがない。外出している女性だっているはずですから、細かく分けていくと無限に出てきます。

山口　属性だけではデータで終わってしまいますね。そのことで思い出すのは、遠山正道さんがスープストックトーキョーを立ち上げたときのエピソード。三菱商事の社内ベンチャーとして遠山さんが出した企画書は、「スープのある一日」という物語です。

企画書なのに22ページもあって、単価がいくらのスープを全国何店舗くらい展開するとか、マーケティングの4Pみたいなものは全然書かれていない。田中さんという女性がスープを飲んでホッとするという物語で、起業の過程で「秋野つゆ（37歳）」という細かい設定になったそうです。

この世界観はスープストックで今も共有されていて、今も迷ったときはそこに立ち返っているとか。遠山さんは慧眼《けいがん》で、事業をつくるときに世界観を立ち上げた。人と共有するための物語を作ったのでしょう。

水野　ターゲットを立体化させてより鮮明にしていくわけですね。まったく同感で、そのために僕がよく使うのはターゲットがどんな雑誌を読んでいるか。雑誌が売れない時代になってきてはいますが、まだまだ有効な手法です。

たとえば、文房具メーカーとの仕事で、ターゲットは「文房具が好きな主に20代後半から40代前半の女性」と言われたのですが、それだと幅があるし、漠然として伝わりませんよね。

そこでメーカーの方に「ターゲットは『&Premium』を読んでいる女性がいいのではないでしょうか」と説明するんです。ただ、会議の席で主に発言するのは『&Premium』とは縁遠い先輩方（笑）。彼らが「いや、こういうほうがいいんじゃないかな」と言うから、「『&Premium』読んだことありますか」と聞くと、「いや、ないですね」と即答（笑）。

山口　「読んだことはないけど、僕はこれがいいと思う」とか、トンチンカンな雑誌を手にして言い出す姿が目に浮かびます（笑）。要するに「ターゲット=自分」になっているんですね。

水野　そうです！　僕も「『&Premium』を読んだことがないんだったら、まず読んでください（笑）」とか言っちゃうのですが……。設定したターゲットにハマる女性が会議に参加していても、なかなか発言できない状況にあるという組織の構造も、影響しているのかもしれません。

山口　「自分=ターゲット」にしたら、結局は好き嫌いになってしまいますね。

水野さんのおっしゃる「ターゲット」というのは、先ほどの遠山さんの「スープのある一日」と共通していて、その文房具を使う人の物語で、主人公は『&Premium』を読んでいる女性です。ターゲットを考えるって、主人公のパーソナリティを考える作業じゃないでしょうか。ビジネスパーソンが、ショートストーリーやショートムービーをつくるトレーニングをやってみたら面白いかもしれません。

水野　それは面白いですね。僕はまずターゲットをつくって、その中でも「ここなんじゃないか」っていうゾーンの人をコアターゲットと呼んでいます。すべての商品にはコアターゲットが存在しなきゃいけないと考えています。そういう人を主人公にするわけですね。

山口　そうです。どんな商品でも、一つの物語のように世界をつくってみる。ショートムービーをつくるとなると、そのストーリーの中で主人公の女性は、開発中の文房具を使うだけじゃない。どの街のどんな部屋に住んでいて、どんな家具があって、どんなランチを食べて、服はどこで買っていて、みたいなことまで具体的に考えざるを得なくなる。

そうすると、『&Premium』を読んでいないおじさんが、「俺は武蔵小杉のマンションに住んでいるから、主人公の住まいもそこで」と唐突に言い出しても、全く成立しないというのがわかる。あなたの人生の物語じゃありませんって話なので（笑）。

水野　おじさんに限らず、同じ世代の女性でも同じことが言えますね。ターゲットに自分の好みの服を着せて、自分の好みの雑誌を読ませて、自分の好きな店で食事をさせるんじゃ、その商品の物語にならないし、世界が立ち上がってこない。その人自身のインスタになるだけ(笑)。

山口　自分とは別のパーソナリティをつくり出して、客体化した世界観を立ち上げることが大切。そこには、ある種の憧れみたいなものも含めていくことになるでしょうね。

ここまで「意味をつくる」という話をしてきましたが、「物語をつくる」というのも、これからビジネスの大きな鍵になると思います。

水野　その通りですね。……ああ、でもいまその話を伺って、実際に僕自身も、頭の中でショートムービーをつくりながらターゲットをイメージしていることに気づきました。映像って、その人の佇まいから背景に映り込む小物まで、情報量が多いから、人物像がはっきりと浮き彫りになるんですよね。この商品を買ってくれたその人がどんな顔で笑ってどんな風に使ってくれているか、かなり具体的に映像でイメージしていることに、山口さんのお話で気づかされました。

ターゲットはベン図の全体にいる

山口　一つお伺いしたいのは、ターゲットを明確化すればするほど、市場規模が小さくなるという点です。ビジネスとしては不利になるわけで、企業の人たちはそれを嫌がりませんか？

水野　そこが面白いんですけど、「嵐を好きな人って何人いますか？」という話です。

山口　どういうことですか？

水野　ターゲットって必ず、いくつかの円の重なり合いなんです。複雑化したベン図（集合関係を視覚的にわかりやすくした図のこと）というか。たとえば「嵐を好きな人のグループ」という大きな円があって、それに『&Premium』を読んでいる人のグループ」という円、さらに「スープストックをよく利用する人の円」が重なるとします。重なった中心部分がコアターゲットですが、ターゲットは三つの円すべて、ベン図全体を目指しています。

山口　ターゲットはエクスクルーシブじゃないっていうことですね。

水野　でも、コアターゲットはかなり雑誌で決まるんですよ。特に女性は雑誌の数だけセグメントされているところがあります。『JJ』を読む人は、『CanCam』を下に見ているかもしれないし、『CanCam』を読む人は『JJ』を下に見ているかもしれない（笑）。こういうのを読み解けば、たいていのコアターゲットはセグメントできます。

子どもを乗せる子乗せつき自転車「HYDEE.B」を、雑誌の『VERY』とブリヂストンと一緒に作ったことがありますが、「『VERY』を読んでいるターゲットの子乗せつき自転車はこうなんじゃないか」と考えるだけで、ストーリーや世界観が立ち上がるし、商品ができていくんです。

だいぶ古い話になりますが、2005年に永昌源の「杏露酒」というお酒のリニューアル広告を担当したとき、起用したのは女優というより人気モデルだった頃の香里奈さんです。

山口　杏露酒は梅酒みたいなものですか？

水野　杏の甘いお酒で、ちょっとおしゃれなリキュールです。そのキャラクターが香里奈さんという理由は、当時彼女が『Ray』の専属モデルだったから。
いくら甘くておしゃれでも、お酒はお酒です。それでお酒をたくさん飲む女性はどういう人かと考えると、飲み会や一人飲みが好きな人かなあと。当時の『Ray』は、いわゆる赤文字系女性誌の中でいちばんそれっぽかったんですよね。『JJ』『CanCam』『ViVi』『Ray』と、男からすればば区別がつかないような4誌を比べたら、その頃は、お酒好きが『Ray』。地方都市の若いママも読んでいそうな。

山口　やっぱり世界観の話ですね。ちょっと派手で、ずっと『Ray』を読んでいて、地元の企業に勤める男性と結婚した女性。ミニバンに乗って、ゴールデンウィークは近所の仲間とわいわい川原でバーベキューするような人が浮かびます。

水野　ずばり、そういう人です。メーカーとしては、あまりお酒を飲まないオリーブ少女を狙いたいと言っていたんですけれど、もともと飲まない人に売っても数字は上がらないですよね。

だから僕は香里奈さんを起用して、でも、めちゃくちゃ『Olive』っぽいトーンの広告にしたんですよ。ベン図のすべての円がターゲットという理論そのもので、コアターゲットの『Ray』な女性をしっかり取りながら、ふんわり系のオリーブ少女に刺さるかわいさを演出してターゲットを広げたんです。

山口　すごく面白いですね。資料を拝見すると、水野さんのクリエイティブだから表現はおしゃれで上品だけど、当時の香里奈さんの『Ray』なキャラクターもしっかり出ている。

女性のマーケットはライフスタイルが重層的ですね。一方で男性のマーケットは相対的にシンプルな気がします。「フォーマル」「カジュアル」「ワイルド」くらいしかイメージのカテゴリがなくて、あとは全部「その他」にくくられてしまう。

微妙なグラデーションの中にいる女性は、だからこそ共感をつくるのが難しそうです。ちょっと世界観がずれているだけで、「これは私とは関係のないもの」と全員からスルーされてしまう可能性もあるということですよね。

「意味がある」はCMで表現できない

山口　僕は広告の仕事をやっていたので、「この広告のメッセージのコアは何だ」と考えるわけです。電通時代に杉山恒太郎さんや佐藤雅彦さんに教えてもらったのは、「広告の究極の目的は、その人にとっての商品の意味合いが変わる」ということ。自分にとって全然関係ないと思っていた商品やサービスが、広告によって自分と関係あるものに変わる。つまり意味づけが変わるということで、「広告は究極的に意味をつくっていくこと」だと感じました。

水野　「セブン-イレブンいい気分」の杉山さんと、「バザールでござーる」や「ピタゴラスイッチ」の佐藤さん。電通のクリエイティブディレクターの大スターですね。

山口　お二人とも意味をつくれるクリエイターですが、そういう人は実は電通の中で1％もいない。残る99％の人は何をやっていたかというと「役に立つ」を15秒で伝えること。

ちなみに日本で広告枠が誕生した頃は、5分CMや1分CMという試行錯誤があって、

30秒CMのフォーマットができたのは70年代といわれます。で、そのうちどんどん短くなっていって今は15秒が基本です。

水野　短くなっていけばいくほど「意味がある」は伝えられなくなっていきます。

山口　その通りですね。その点、「役に立つ」なら15秒でも伝えられる。でも、「意味がある」は極論すると本1冊ぐらいの内容だから、15秒にこめるのはとても難しいんです。最低でも30秒か1分ないと「意味がある」CMとして成立しない。

1980年代に杉山さんが手掛けたサントリーローヤルや、佐藤さんが手掛けた「カローラII」も30秒でした。天才と言われるクリエイターの作品は、ほぼ30秒のCMです。CMが15秒フォーマットになって意味を伝えられなくなったように、新聞や雑誌の広告もフォーマットが小さくなっていて「役に立つ」情報しか伝えられなくなっています。日本の企業が生き残っていくためには「役に立つ」から「意味がある」にシフトしなきゃいけないのに、この齟齬《そご》は困ったものだと思いますね。

世界観を伝えるには？

水野　僕は佐藤雅彦さんがすごく好きなんですが、「カローラⅡ」のCMは、カローラⅡの性能や機能はさほど強調していないように見えます。でも、「カローラⅡを買ってカローラⅡに乗ると、こんな日々が訪れるかもしれない」と思わせてくれる。

山口　あれはまさに世界観を伝えるCMです。

水野　「房総バケーション」というJRのCMも、小泉今日子さんが「潮風が呼んでいる〜」って歌って、「房総バケーション」って言うだけ。それでものんびり電車に乗って房総に行きたくなる。その世界観の中に入りたくなる。世界観をプレゼンテーションすることで、行きたいと思わせてしまうという。

山口　使っていた写真も特別なものじゃない。子どもの頃の家族旅行の記憶を呼び覚ますような、ほのぼのしたノスタルジーがありました。それはまさに房総という場所の意味づけだし、世界観です。佐藤雅彦さんが一時期から「トーン」って言っていたのがたぶんそれだと思います。ラグジュアリーの物差しで比べたら房総はハワイに全然勝てないけれど、「本当に懐かしい」「夏休みってこうだよね」っていう感覚が、見ている人の心の中に自分ごととしてよみがえるんです。たとえその人が玄界灘で育っていてもですよ（笑）。

カローラⅡも同じで、音楽はジェフ・ベック[7]じゃなく、あくまでオザケン（笑）。小沢健二さんの力が抜けた自然な佇まいが、「自動車の性能は成熟したし、もっとラグジュアリーにしても意味がない」という世界観を表しています。

水野　いい広告は、ブランドをつくれるんですよね。ブランディングは世界観をつくっていく仕事であり、いい広告はその一翼を担うことができる。Appleの「Think Different.」なんかもそうですよね。ブランド力のある企業と意味を重要視していく企業は、ニアリーイコールで結べると思います。

山口　テレビCMは15秒の枠に縛られて世界観を伝えられなくなってしまいましたが、それでもBMWのように長尺の広告を今も出し続けている企業もある。

ウェブだともっと自由で、最近、素晴らしいと思ったのは、シャネルがYouTubeで上げていた動画。2019年に亡くなったカール・ラガーフェルドがカメラマンなんです。これはシャネルだからできるというわけじゃない。既存のテレビCMは15秒の枠に縛られている上に莫大なお金もかかるけれど、ウェブではコストフリーで表現の場が広がっている。製作費はもちろんかかりますけど、ストーリーを持っている人にとっては、とてもいい時代です。

逆にいうと、15秒で伝えられることしか考えてこなかった人は、「5分あげるよ」と言われても、伝えられることがないので困ってしまうでしょうね。

水野　広告はいま、過渡期を迎えていますね。情報が溢れているから、みんな自分にとって価値がない情報は脳内でシャットアウトする癖がついている。出稿量の多いCMですら、「見た記憶はあるけど、肝心の『何のCMだったか』は覚えていない」という現象が増えています。でも反対に、自分にとって「意味がある」と思ってくれれば、自ら検索してわざわざ情報を取りに来てくれます。

また相鉄の話になってしまうのですが、2019年11月末の都心直通にむけて、「テレビCMをつくりたい」と相鉄さんから言われたんです。でも僕は「この予算でテレビCMを打っても無駄になるだけだから絶対にやめましょう」と止めました。それで、その分の予算で『100 YEARS TRAIN』というタイトルの約3分半のウェブムービーをつくったんです。結果、大成功でした。

山口　二階堂ふみさんと染谷《そめたに》将太さん主演で大正・昭和・平成・令和それぞれの時代の電車内が舞台の物語ですね。

水野　はい。音楽は熱烈なファンの多い「サカナクション」と「くるり」の楽曲を音楽プロデューサーの冨永恵介さんがマッシュアップし、yuiさんとミゾベリョウさんに新たに歌っていただきました。……といっても細部は、映像制作を依頼した電通のクリエイティブディレクター中村英隆さんと映像作家の柳沢翔さん率いるチームに全面的にお任せしました。

僕がブランド監修及びクリエイティブ監修としてやった最も重要な仕事は二つ。一つは「テレビCMをやらない」こと。これを理解していただくまで、なかなか……。

山口　大変そうです（笑）。

水野　もう一つは、ムービーの中から「告知情報」を徹底的に排除すること。要は「役に立つVTRにしない」ために、各所調整と交渉を続けました。情報では無く、相鉄が伝えたい「世界観」をVTRにする。

相鉄線のブランディングでは、着手してからの5年間で、駅や車両からホームのベンチや自動販売機まで、丁寧なデザインを積み重ねて、ブランド力を着実に上げてきた自信がありました。垢抜けないイメージだったはずの相鉄線が、「相鉄、なんか変わったね」「最近の相鉄、カッコイイね」と言われるくらいにはなっていたんですね。それに、都心直通の「情報」はニュースなどで必ず流れる。だから、直通のタイミングで発信するムービーは、ブランディングだけに集中すべきだと思ったんです。

結果、約3分半のVTRの中に出てくる文字情報は「100年の想いを乗せて」「相鉄は都心直通」の2行が入った一枚テロップだけです。都心直通を告知するムービーなのに、情報が異常に少ない（笑）。

山口　普通なら、○駅まで乗り換えなしで行けるようになるとか、本来○分だったところが○分で着けるようになるとか、「役に立つ」情報をたくさん入れたくなる。

水野　なのに、そういう情報が一切無い（笑）。

社長プレゼンで仮編集済のムービーをお見せしたとき、その場はしばらく静まり返りました。まさにさっきの「これがいいのかどうか、自分にはわからない」という状態ですよね（笑）。最終的には「これがいいんだよね？　じゃあ、これでいきましょう」と言っていただきましたが、相鉄の皆さんは相当戸惑われたと思います。元々は、情報量の多いテレビCMをつくろうと考えていらしたので。

でも、これが大反響で。公開と同時にSNSであっという間に話題になって、YouTubeの再生回数も瞬く間に100万回を超え、さらには300万回とぐんぐん伸び続けました。何より、観た人たちの感想が熱烈だったんですよね。「感動した」「泣けた」などに加えて、「相鉄やるじゃん」「相鉄が好きになった」「相鉄沿線に住みたくなった」など相鉄線に対するポジティブな反応がSNS上にだーっと溢れて。相鉄の皆さんは感激して、泣いている方もいらっしゃいました。

そうやって噂になると、「話題の相鉄のやつ、観てみたらすごくよかった」と口コミで更に広がるんですよね。観た人の心に「刺さる」ものは、みんな自分からわざわざアクセスして、情報を取りに行ってくれる。こちらから情報をバラ撒かなくても、伝えたい情報が自然と広がっていくんです。しかも、あれだけ文字情報を削ったにもかかわらず、「相鉄が都心に直通する」という情報は、しっかり届いていました。「ちゃんと」観てくれたからだと思います。

7　英国のギタリスト。独特のフレイジングとフィードバック・プレイで知られる。ロッド・スチュアートらとジェフ・ベック・グループを結成し、「トゥルース」などのヒットアルバムがある。

説得の時代から共感の時代へ

山口　マーチン・ルーサー・キング・ジュニア[8]の有名な演説があるじゃないですか。

水野　「I have a Dream」ですね。

山口　すごく面白いのが、あれはもともと準備していた演説の原稿じゃないんですよ。重要な大会だからしっかりスピーチをしなくちゃいけないと、キング牧師もちゃんとしたデータを用意していたらしいんです。経済情勢とか、法律とか、大卒や管理職の比率が白人に比べて黒人は低すぎるとかいう内容を、数字付きでね。

水野　すごくまっとうなスピーチですね。

山口　キング牧師は鋭い人なので、たぶん最初に用意していたスピーチをしながら、「聴衆に刺さってないな」と感じたのではないでしょうか。

さらに横にいたキング牧師のファンの女性が、「いつものdreamの話をして」ってずっと言っていたらしい。それで彼は話し始めてずいぶんたっていたのに、演説を途中でバサッとやめた。で、しばらく沈黙してから、いきなり「I have a Dream」と始めたんです。

今まで退屈そうに黒人の失業率のパーセンテージとかを聞いていたみんなが、「I have a Dream」の後は、「え、なに？　なに？」って聞き始めた。「こういう未来が見える」みたいなキング牧師の話を聞いていくうちに、たぶんその世界観を共有したんですよ。

水野　それがアメリカでも歴史に残る名演説になったんですね。

山口　キング牧師は最初、ファクトとデータで説得しようとしていたと思うんです。ロジックを並べて「ここがおかしいから、こうすれば良くなる」とね。頭ではみんなその通りだと思ったでしょうけど、そういう話は心に届かない。

でも、切り替えた後の「I have a Dream」は、論理も説得もない。ただひたすら、夢みたいな世界の話をしていて、聞き手はそれを頭で理解したわけじゃない。でもみんな「それっていい世界に決まっているよね」と、心が動いた。共感したんです。

「頭ではわかるけど心は動かない」と「頭でわからないけど心は動く」を比べたとき、これから必要なのは後者ですよね。説得の時代の20世紀が終わって、これからは共感の時代だと僕は捉えています。

水野　説得から共感へ。すごくわかります。それにともなって、伝えるという行為自体も、受け取り手主体のものへと変容しているように感じます。

8 米国の牧師・黒人解放運動指導者。非暴力直接行動主義の立場から、公民権運動を指導。1964年、ノーベル平和賞受賞。遊説中に暗殺された。

デザインの本質は人格を与えること

山口　水野さんのお話を伺っていると、デザインの定義は誤解されていると思いますね。デザイン、アート、感性は、一般にビジュアルコミュニケーションの世界に矮小化《わいしょうか》されて考えられがちですけど、世界観を表すもっと幅広いものじゃないでしょうか。僕はデザインの本質は、人格を与えることだと思っています。

水野　そうなんです！　「デザインとは、見た目をおしゃれに取り繕うだけのものだ」という「誤解」が未だに蔓延《まんえん》していて。デザインってそんな表層的なものじゃないんです、とあちこちで言っているんですけど、なかなか伝わりきらないですね。

山口　僕が尊敬しているプランナーの白土謙二《しらつち》さんは、引退されましたが電通で長くトヨタ自動車の仕事を手掛けていました。ご本人は「ペテン師です」と自己紹介するんですけど（笑）。

白土さんは「トヨタの自動車は人が見えない」という問題意識をずっと持っていて、こんなテストをつくったんです。紙の右側には、トヨタのいろんな車種の写真をずらっと並べる。左側には、それぞれの車種のキーになっているコピーを並べる。「魂を目覚めさせる走り」「スマート&アクティブなスタイル」とかね。それで、「正しい車種とコピーを線で結びなさい」というテストです。

水野　それはむずかしい。だってトヨタは……（笑）。

山口　さすが鋭いですね（笑）。このテスト、役員でもなかなか正解できないんです。コピーを見ると、みんな同じようなことが書いてある。自動車のパーソナライゼーション、つまりキャラクターづくりが全然できていないから、似たようなコピーになってしまうんだと白土さんは主張したけれど、トヨタには受け入れられなかったみたいですね。

水野　僕もかなり前にトヨタの仕事をさせてもらったことがあります。そのときに、すごく勉強になりました。担当したのは、車に搭載されるある機能の新聞広告。一つの広告のために、約半年間で完成度の高いラフ（カンプ）を758案、つくりました（笑）。

まず担当者の方へのプレゼンで何回も差し戻しになって、次に課長にプレゼンして差し戻し。課長のOKが出ると、部長にプレゼンして差し戻しで、振り出しに戻って全然違う案を一から担当者にプレゼン。この繰り返しで役員まで辿りつく頃には全然違うものになります。

最近のトヨタは当時とはだいぶ変わってきているように感じますが、少なくともその当時のトヨタという企業は、川にたとえると下流の石をつくってるんだなという印象でした。

山口　どういう意味ですか。

水野　下流の石って、流れていくうちに角がとれるから、丸くてみんな形が似てきます。磨かれて角が取れるのか、単に削られただけなのか、言い方はちょっと置いておいて。

似た石が並んだ河原の風景もすごくきれいだし、角がないから触っても危なくないし、柔らかな丸みは、誰が手に取ってもきれいだなと思う。ただ、上流にある凸凹の石とはぜんぜん違う。

上流の石って、色も形もバラバラだし、ゴツゴツ尖っていたりもする。だけど「この石の良さは俺しかわかんないよな」っていうのがあるじゃないですか（笑）。でも、当時僕がトヨタの仕事で経験したのは、多くの人が「悪くないね」と思うポイントを探るプロセスだったなと。トヨタは日本経済を支える企業だから、思い切った冒険がなかなか許されない立場でしょうし、そのやり方だからこれほど大きな企業になれたんだろうとも思います。ただ、そこを追求していくと、車そのものも広告の表現も、トゲのないものにならざるを得ないというむずかしさもある。

山口　すごく面白い話だし、石のたとえも言い得て妙ですね。「誰にでも好かれる」というより、「誰からも否定されない」ものって、たくさんいらないはずですね。いい、悪いは別として、デザインによって商品に人格を与えていない実例だと思います。

「矢沢永吉」というネーミングが矢沢ブランドをつくった

水野　僕は長らく中川政七《なかがわまさしち》商店とお付き合いしていますが、最初は店舗もこんなにたくさんなかったし、ブランドも確立していなかった。そもそもは、一ブランドのショッピングバッグをリデザインして欲しいというだけの依頼でした。

だけど僕はお節介で、頼まれていないことまでやりたくなっちゃう（笑）。いろいろ見せてもらって、「中川政七商店」に光を当てたいとお話ししました。名前そのものがデザインになっているし、そこに光を当てて、会社名を前面に押し出して、「中川政七商店」という新ブランドも立ち上げたほうがいい、と。

それは中川政七商店にかぎらず、コンビニエンスストアに並んでいる飲料やお菓子でも、光を当てるポイントを変えるだけで魅力が際立つものってたくさんあります。パッケージを変えただけ、ネーミングを変えただけでも売れるようになるものだって、たくさんあります。

山口　「中川政七商店」という名前は、昔は工芸品市場の中では無色透明だったわけですね。水野さんはそこにポテンシャルを感じた。「名前を含めたいろいろな枝葉をつければ、この会社はきっと太い幹になる」と思ったわけですよね。

1716年から続く奈良の中川政七商店、これだけで幹がある気がします。クラフトなモノをつくったり、目利きが実直に、いいライフスタイルを提案する業態。そこに古風な名前がうまくハマる。水野さんと組んで人格化させて、ブランドができたんでしょうね。

これが「福生《ふっさ》で50年続く中川政七商店」だと、「名前があってない。アルファベットに改名しよう」となったかもしれません。

水野　そうですね。デザインも、和と洋をバランスよくミックスして。少なくとも、シカのマークはつくらなかったでしょうね。

山口　その感覚はすごくわかります。話が飛ぶようですが、芸能人の名前って、やっぱりいい幹だという気がする。たとえば石田純一さん。本名は石田太郎さんらしいですが、石田太郎だとバブル期のトレンディードラマのいい男ポジションは取れないんじゃないかな。「たられば論」かもしれませんが、そういうことってありそうです。

面白いケースは矢沢永吉さん。彼はデビューするときにすごく悩んだらしい。「矢沢」はまだしも、「永吉」ってかなり土っぽいじゃないですか（笑）。

水野　そうですね。昭和な響きがあります。

山口　結局、彼流のデザイン戦略だと思いますが、「矢沢永吉」のままキャロルでデビューした。革ジャンにリーゼントでロックを歌うなら、きれいな名前ではなく泥臭い「永吉」で骨太なイメージを付加していく。そうすると「永吉」っていう昔っぽい名前がユニークでカッコよくなるんじゃないかって考えたという説もあるそうです。

水野　確かに「矢沢純一」だったらちょっと違う（笑）。やっぱり「永吉」で、「永ちゃん」って呼ばれないと首からかけたタオルがハマらない。

パタゴニアとAppleの社名に見る世界観

山口　ネーミングも世界観をつくる大切な要素だということですね。それで非常にうまいと思うのがパタゴニア。アメリカの登山家イヴォン・シュイナードが創業者で、当時の社名は「シュイナード・イクイップメント」です。

水野　最初は登山の備品をつくって売っていたみたいですね。たとえると、山口さんが創業した「株式会社・山口備品」みたいな、あまりにもストレートなネーミング（笑）。

山口　取扱品を登山備品だけでなくアウトドアウェアまで広げてビジネスが大きくなっていくプロセスで、「シュイナード・イクイップメント」という社名のままだったら、絶対に今のような企業になっていないと思うんですね。1970年代の初めに「パタゴニア」とネーミングした彼は、ものすごく先見の明があったと思います。

20世紀になって登山やアウトドアという文化が生まれ、70年代に入れば世界中の自然はだいたい踏破されている。でも、パタゴニアというのは、ヨーロッパや北米の多くの人にとって、未踏の自然が残されている最後の秘境みたいな場所だったわけです。

もちろん、環境保護やサステナビリティにいち早く取り組んだとか、パタゴニアがやってきたこと自体が今やストーリーとして畳み込まれているわけですが、「パタゴニア」という地名がこだまみたいにイメージのリフレクション（反射）になっているし、ある地域が持っている普遍的なイメージをブランドに活用したモデルだと思います。

水野　「Apple」も、とてもシンプルだけれど強い名前ですね。

スティーブ・ジョブズは、それまで勤めていたコンピューターゲーム会社の「アタリ（ATARI）」より電話帳で先に来る名前を選んだとか諸説あるけど、評伝『スティーブ・ジョブズ』（ウォルター・アイザックソン[9]著）には、果実食主義だったジョブズが当時リンゴをよく食べていたことと、ちょうどリンゴ農園から帰ってきたタイミングだったことによるとありましたね。じゃあバナナを食べていたらバナナだったのかという（笑）。

山口　Appleはパタゴニアのレバレッジのモデルと真逆ですね。ただのリンゴからスタートして、そこに自分たちが実際にやってきた情報を蓄積して、ストーリーにした。

ジョブズはアップルレコードが大好きだったし、西海岸のヒッピー文化も体感していました。「Apple」という名前には、彼らのビジネスだけではなく、70年、80年代のカリフォルニアの空気、リベラルさ、サンフランシスコのパロアルト市を中心にテクノロジーで世界を変えていった流れ、カウンターカルチャーまで全部織り込まれている。その世界観をつくったのは、Appleという会社なんでしょうね。

9 『タイム』編集長、CNNのCEOを経てアスペン研究所の理事長兼CEO。CNNの委員長兼CEOも務める。伝記作家としても活躍。

ターゲットが食べるのは、「どん兵衛」か「カップヌードル」か

水野　どんな商品であれ企業であれ、僕が「コアターゲットは絶対に存在しなきゃいけない」と思っているのは、それこそ山口さんがおっしゃる人格をつくっていく作業の骨組みだからなんです。人格をつくることは、幹をつくることでもありますね。

その幹から枝葉を広げて、世界観をつくっていく。ネーミング以外にもいろいろな枝葉はあると思います。

山口　「文学作品を読んで、そこから人を立ち上げる」と文芸評論家の小林秀雄さんが言っていて、僕はブランドもこれと似ていると思っています。逆のやり方で、まず人を設定して、そこからストーリーを展開して世界観をつくるやり方があると思います。

水野　コアターゲットを決めて、その人を主役にしたショートムービーのシナリオを書くような作業ですね。それって僕がうちのスタッフに教えたり、この本の読者がすぐに実行できるようなことですか？　文学作品をつくるとなると、高度なものに感じてしまいますけれど。

山口　水野さんは既にやっていらっしゃることだと思いますし、やり方は教えられます。幹さえあれば、枝葉は簡単に広がっていくんですよ。

パーソナリティを規定するものはいろいろありますが、それを一つひとつ考えてみてもいい。先ほどお話しした白土さんが使っていたのは食べ物です。たとえば「好物はトンカツ」という人と、「鴨のコンフィが大好き」という人は、全然違うタイプです。だから白土さんはトヨタで、自動車を食べ物にたとえるワークショップを提案したというんです。「この車種を食べ物にたとえると、ナポリタンだな。ちょっと洋風だけど、魂は日本」みたいな（笑）。

水野　それ、やってみたい（笑）。無茶苦茶面白いです。僕はよく「〜っぽい分類」というのを自分でやるし、慶應の授業でも学生に実践させていました。どういうものかと言うと、たとえばくまモンなら、「そのクマはテディベアみたいに洋っぽいか、ヒグマみたいに和っぽいか」という具合に「ぽい」で分けていきます。

くつしたのブランドをつくるとなったら、くつしたって「北半球っぽいか、南半球っぽいか」「未来っぽいか、現代っぽいか、昔っぽいか」「どんな人っぽいか」など、対象物とは全然かけ離れた、別のものになぞらえて、「〜っぽさ」を探ってみる。そうすると、そのモノ自体にどんな魅力があるのかが浮き彫りになってきて、デザインやブランディングの方向性がクリアになっていきます。

山口　それはすごく感覚的に見えて実用性が高いやり方ですよね。「ぽい」と同じで、食べ物も無限に出てきそうなんですけど、トヨタじゃ「白土さんの言っていることはまったくわかりません」と、そのワークショップは一蹴されたらしいです（笑）。

このやり方で僕自身が思い返すのは、コンサルティング会社にいた頃の残業です。昔の外資コンサルの場合、深夜まで働くのは珍しくありません。0時とか1時になって、さすがにお腹がすいたなと、下のコンビニに行ったんですね。まず「どん兵衛」を手にとったところで、ハッとしました。ふと、映画の『フィラデルフィア』を思い出したんですよ。

水野　トム・ハンクスがＨＩＶに感染したゲイの弁護士役の映画。「エイズの人をオフィスに置いておきたくない」って不当に解雇されて、自分が所属していた弁護士事務所を訴えるっていうシリアスなストーリーでした。90年代のはじめだから、まだゲイとかエイズに偏見が残っていた頃ですよね。

山口　そう、その『フィラデルフィア』で、僕が思い出したのは、トム・ハンクスのスタイルなんです。解雇される前はサスペンダー姿が決まっている敏腕弁護士で、毎日、猛烈な激務なわけです。そんなトム・ハンクスが高層ビルの一流事務所で、深夜に中華料理屋のテイクアウトのヌードルを食べながら、パソコンで仕事をしてるんですよ。ネクタイを緩めて無造作にヌードルを食べる姿が、やたらとストイックでカッコいい（笑）。

そのシーンを思い出したとき、外資系コンサルに勤めている人間が、夜景が見えるアークヒルズの高層階で残業するときの食べ物として、「どん兵衛じゃねえな」と思った（笑）。

水野　わかります（笑）。

山口　さすがにコンビニに中華のテイクアウトはないんで、選んだのはカップヌードル。しかもホットチリヌードルだったらそれっぽいなと思って（笑）。

僕の話はさておき、ブランドづくりが上手な人って、映画のワンシーンの中における文脈をつくれるかどうかだと思います。水野さんのおっしゃる「ぽさ」の精度を上げていける人なので、必ずしもカッコいい文脈ではなく、ときには武骨な文脈、かわいい文脈もあるでしょう。

文房具でも自動車でも家電でも、それが使われる世界を、物語のプロットとして考えてあげて、芯が立つと、人の心に届くと思います。レリバンシーが生まれて「あ、これ、私が使う文具だ」と欲しくなる。

水野　レリバンシーとは関連性のことですね。この場合、リレーションシップ、関係性ともいえるかもしれません。ただの文具が、自分に関係があるものになる。あるいは「こういう文具を使う暮らし方がしたいな」という憧れの形で、その人と関係性が生じる。そうしたら、きっとその品物を欲しい、買おうとなりますね。

観察し続けること自体が才能である

山口　物語のつくり方には二つのアプローチがあると思っています。

一つは自分でストーリーをつくって、それを織り込んでいくアプローチ。自家製造モデルというか、自分自身が作家になる。

もう一つは、すでにあるストーリーの世界観をレバレッジするアプローチです。

水野　一つ目の作家になるアプローチは、ゼロからキャラクターを立ち上げるわけですね。ゼロからではありませんが、僕もコアターゲットの人格を想像することはしています。

独立したばかりで仕事が全然ないときに、事務所が恵比寿だったんで渋谷まで歩いていって、ハチ公のところに座ってひたすら人を見ていました。この人は何歳ぐらいで、どんな仕事で、どんな趣味か。朝なら、今は通勤途中なのか、飲んで朝帰りなのか。理由は忘れましたけど、半日ぐらい座ってそんなゲームをしていて。

山口　それはすごいいいトレーニングになりますね。TEDでも、空港で人間観察をするというスピーチがあります。

水野　僕がやっていたのは、トレーニングというより暇つぶしのゲームでしたけど（笑）、恵比寿ガーデンプレイスの上のフロアも無料で登れるから、夜によく行きましたね。

ぼんやり見ていると夜景なのに、シューッとピントを絞っていくと一つの窓が見える。そこには人がいて、残業中でどん兵衛を食べようとしていたり（笑）、喧嘩したりしている。「えっ、これ、愛をささやきあってるのかもしれない」なんてシルエットもあって、見ていて面白いし、好きだったんです。それがコアターゲットの物語を考えるときに、無意識に役に立っている気がします。
いまだに新幹線に乗っていると、窓の外の家を見て、「この家はこんな家族構成で……」って想像していています。

山口　確かに、人間観察が物語をつくる材料として水野さんの中にインプットされているのでしょうし、半日も見ていられるというのは才能です。「ずっとやっていられる」というのが才能だと、羽生善治さんが言っていました。

水野　羽生さんの将棋の才能と、仕事がなくてハチ公前で座って人を見ている才能だと、かなり違いそうですけどね（笑）。

山口　いやいや、羽生さんのお話は、やり続けることにポイントがあるんです（笑）。
確かに将棋は才能の世界で、奨励会に入ってくるような子どもはみんな、普通の子に比べて才能がある。羽生さんがそうであるような、明らかな天才だっているわけです。

でも、その子どもたちがプロになって活躍するか、伸び悩んでやめてしまうかの分かれ目は、生まれつきの才能にほぼ関係がない。1日8時間、毎日将棋の勉強をする生活を何十年続けられるか、この一点にかかっているというのが羽生さんの話でした。

結局、好きだから続けられるんですよね。羽生さんも将棋のことを考えるのが楽しくて、30年もの間、対局があってもなくても、どんなに疲れていても、毎日5〜6時間は将棋について考えているというんですよ。

「才能って何かっていったら、結局、続けられるかどうかだと思います」という羽生さんの話で、僕は「ああ、本当に将棋が好きなんだな」と思いました。

普通の人は2時間も、新幹線から見える家の家族について想像し続けられないですよ(笑)。だからそれは水野さんの才能です。

水野　そんな大層なものでは(笑)。ただ確かに、好きこそものの上手なれっていうのはありますよね。

話を戻して、山口さんがおっしゃっていた、物語をつくるもう一つのアプローチ、「すでにあるストーリーの世界観をレバレッジする」というのを教えていただけませんか。

「007」のレバレッジ大作戦

山口　既にあるストーリーの世界観をレバレッジするというのは、非常にうまくいっているケースが多いし、取り入れやすいと思います。たとえば「007」がそうです。ジェームズ・ボンドといえばイギリスの貴族の大金持ちの息子。両親は登山中の事故で亡くなっていて、莫大な遺産を受け継いでいる。容姿端麗、スポーツ万能、頭脳明晰でもうあらゆる仕事が簡単すぎてつまらないわけです。だから英国諜報部のMI6に勤めていて、いちばん危険な仕事をやりたがる……。この世界観があれば、無限にストーリーをつくれちゃうわけですよね。

水野　僕は映画のイメージですけど、原作の小説があるんですか？

山口　ええ、イアン・フレミングの小説で、そこに、「ジェームズ・ボンドはアストンマーティンを愛好している」と既にあります。それが映画の3作目『ゴールドフィンガー』から「秘密兵器を搭載したスペシャルな車」として登場して、アストンマーティンは確固たるブランドになっていくんです。アストンマーティンは、明らかに「007」という既にあるストーリーの世界観をうまくレバレッジしたからブランドとなりました。

水野　ジェームズ・ボンドの世界観は、確かにアストンマーティンに憧れるターゲットの世界観とぴったり重なります。

山口　アストンマーティンというブランドは、「英国貴族」「ジェームズ・ボンド」とイメージのネットワークが出来上がっていて、膨大な情報がたたみ込まれています。

ストイックだけれどある種のデカダンさがある。ドイツ的な質実剛健さもないし、イタリアのラテン的な感じもないけれど、ル・マンですごく強い。それらのイメージが折り重なって、非常にイギリス的なラグジュアリーという世界観が成立しています。

ポルシェも、「ドイツ」「機械工学の精髄」「フェルディナント・ポルシェ博士」「空冷」「ル・マン」という世界観が織り込まれているし、「スティーブ・マックイーン」とか、「ジェームズ・ディーン」というレバレッジも効いています。こうなると、その車を所有することで、自分自身をその世界観の主人公にすることができる、と顧客に感じさせることができます。その歴史の中に自分が今オーナーとして入れるのは、好きな人にとってはたまらなく満たされますよね。まさにブランドそのものです。

水野　日本の車で、そういう世界観があるものがでてこないな。レクサスはハリウッドのセレブが乗っているみたいですけれど。

山口　初代のレクサスが出たとき、「エアコンをポンと押したときに冷たい風が出てきて、打ち水を打った感じになる。日本のおもてなしかと思った」と徳大寺《とくだいじ》有恒《ありつね》先生が新車の評論記事に書いていて、やっぱり巨匠は表現に味があるなと思いました。レクサスと徳大寺先生はすごいと思いますが、その背景にある情報量がとても少ないですね。

水野　確かに、セレブが乗っていても「世界観」という言葉にはあてはまらないですね。

山口　007を語り出すと止まらなくなるので控えますけど（笑）、もう一つだけ例を挙げていいですか。マティーニがカクテルの中でも頭抜けたのは、やっぱり「007」の世界観のレバレッジだと思うんですね。

マティーニは通常はジンをベースにステアでつくるわけですが、ジェームズ・ボンドはジンをウォッカに変えて、ステアではなくシェイクで頼むわけです。この「こだわり」がいかにもジェームズ・ボンドなんですね。あえて「ど真ん中」は頼まない、少し外したところに自分のこだわりがあるわけです。

水野　今も世界中のバーで、ウォッカ・マティーニをシェイクで注文している男がいそう（笑）。

世界観にもアップデートが必要である

山口　イアン・フレミングがつくり出した世界観は60年代の文化、社会、風俗がベースになっています。初代ジェームズ・ボンドはショーン・コネリー。アストンマーティンもマティーニも、ロンドンのサビルロウで仕立てたスーツも全部が調和した世界観だから、そのまま持ってきても違和感はなかったでしょうね。

面白いのが、95年に5代目ボンドがピアース・ブロスナンになったときのエピソードです。歴代ボンドはショーン・コネリーといいロジャー・ムーアといい堅い役者だけれど、ブロスナンは洒脱な色男ですね。そこでボンドのキャラクター設定をいったん全部書き出したうえで、「これは踏襲する、これはアップデートする」というのをやったらしいんです。

水野　原型はヘリテージ（遺産）として持ってきて、時代に合わせてアップデート。ビジネスでも使えそうな話ですね。魅力を保ち続けているブランドや企業は、どこもそれをやっていると思います。

山口　おっしゃる通りです。たとえばボンド・カーですが、アストンマーティンは既に古臭いイメージになっていたから、ブロスナンはBMWに乗っています。

スーツもブリオーニに変わりました。サビルロウって一つのブランドじゃなく、貴族がスーツをオーダーする仕立て屋が並んでいる通りの名前ですからね。日本で言うなら「ひいお爺さんの代から付き合いがある、銀座の仕立て屋」みたいなものです。

「95年のイギリス貴族の子弟は、昔ながらの仕立て屋がつくった英国スーツよりも、遊びがあるイタリアの高級スーツを選ぶんじゃないか」という話になったのでしょう。
　ここで大きな議論になったのが「スキーかスノボか」という問題らしいんですね。元の設定は「ジェームズ・ボンドはオリンピック代表候補のスキー選手」なんですが、これからはスノボだろ、という時代に変わっていたんですよ。侃侃諤諤《かんかんがくがく》の議論の末にたどり着いたのが「やっぱりボンドはスキーだろ」ということで、ここの議論は「世界観とパーソナリティ」という問題を考えるに当たってとても面白いと思いますね。

水野　そこはオリジンを踏襲したんですね。

山口　僕は、「スキーをスノボにするのは、違う」というこの判断が、とても大事だと感じます。アップデートは必要ですが、やりすぎて間違えるとシリーズの人気は下がったでしょう。ジェームズ・ボンドは男が憧れる男。「貴族の末裔で大金持ち、スポーツ万能で精神力もタフ、しかも女にモテる」という要素を並べたときに、「スノボでなくスキー」と判断できることが、世界観を守ることだし、世界観を構築するヒントだと思います。

水野　そのお話を聞いて、先日行ったアマン京都を思い出しました。世界各地にスモールラグジュアリーホテルを展開しているアマングループが、日本では東京、伊勢に次いで2019年11月に京都にオープンしたんですが、これが素晴らしかった。

約32万平方メートルという広大な森の中に苔生した石垣や石畳が連なり、小川のせせらぎが聞こえて、時代を飛び越えたような感覚になる場所です。とんでもない大きさの石の橋がいくつもあって、聞けば、遺跡愛好家だった前の所有者が日本全国から集めた石で、今ではとても手に入らない銘石なんだそうです。

元々は西陣織の名家が所有していた土地で、織物美術館をつくることを夢見て造園を開始したけれど、その後、手つかずになっていたそうなんですね。それをアマンが引き継いで、元の庭園の美しさは残したまま、構想から20年もの歳月をかけて完成させたそうです。森の中に点在する客室は、大きな檜風呂や畳など和の要素で構成しつつ、洋のテイストも取り入れた、ミニマルで快適な空間でした。

山口　アマンの建築の数々を手掛けたケリー・ヒル（2018年没）はその土地の魅力を盛り込んだ建築を得意としていますね。

水野　はい。アマン京都でもそれがふんだんに活かされて、静謐《せいひつ》な日本的美しさの中に新しさもある、素晴らしい空間を生み出していました。僕が行ったときは欧米系の宿泊客ばかりで、みなさん思い思いに楽しんでいました。

日本国内で日本的ななにかをつくろうとすると、「伝統」を重んじすぎるあまり、がんじがらめになってしまうことがあると思うんです。

でも、核となる本当に重要な部分は守った上で、時代に合わせてアップデートしていく姿勢は重要。ブランド力を保ち続けるためには絶対に必要な条件ですよね。

もしもアポロの月面着陸がアメリカのPVだったら?

水野　ブランド力のある企業は、レバレッジをかける「元となる物語」すら自分たちでこしらえてしまうところもすごいですよね。

たとえばエルメスだったら、「馬具づくりから始まってバッグをつくり始めて」という、実際にやってきた情報を蓄積してストーリーにしている。これはさっき山口さんがおっしゃったAppleと同じやり方ですけれど、それだけじゃない。ジェーン・バーキン[10]に「バーキン」というバッグをプレゼントしたのは、エルメスが「エルメス物語」を自らつくったことだと思うし、そこにレバレッジをかけています。

映画『ティファニーで朝食を』も、映画化にティファニーが全面協力していたのなら、「ティファニーが自分で物語をつくってレバレッジをかけた例」と言えるかもしれません。

ヨーロッパの宝飾ブランドに比べたら、当時のティファニーはアメリカの新参者でブランドじゃなかった。それが世界中の憧れになったのは、あの映画の影響が大きいんじゃないでしょうか。

山口　トルーマン・カポーティ[11]の原作には陰があって複雑な世界観がありますが、映画ではわかりやすいラブコメディの世界観に変換されていますね。

水野　もう一つの例としては、ミシュランはタイヤのメーカーで、お客さんのタイヤをいかに減らして新しいものを買ってもらうか考えて、「ミシュランガイド」をつくりましたよね。

田舎にある美食を求めてフランス中をドライブすれば、タイヤは減ります。「高級なレストランと旅」という世界観を自己演出した例ですね。

こう考えていくと、実はあらゆる自作自演が蔓延していて、アポロが月に行ったのは嘘なんじゃないか、アメリカがつくった物語のPVじゃないかという陰謀説さえリアルさを増してきますね(笑)。

山口　そんな仮説が成立するほど、世界観は影響力が凄まじいということかもしれない。世界観はとてもわかりやすくて、いったん豊かな世界観をつくると、自立的に育っていく。日本的で最も成功した世界観は、『ルパン三世』が好例じゃないでしょうか。モンキー・パンチが作った「アルセーヌ・ルパンの孫が現代の世界に生きていて、いまだに大泥棒として活躍している」っていうプロットだけで、ご飯を100杯おかわりできるぐらいの世界観です。

10　主にフランス映画で活躍する英国人女優。代表作に『ジュ・テーム・モワ・ノン・プリュ』『カンフー・マスター!』など。女優シャルロット・ゲンズブールは前夫セルジュ・ゲンズブールとの間の実娘。

11　アメリカの作家。退廃的、虚無感をもった作風で知られる。代表作『ティファニーで朝食を』ではニューヨークを背景に若者の行動を描いた。

世界観をつくるには？

水野　僕はこれまで、「ブランディングって何ですか」という話をするとき、「見え方のコントロールだ」って言ってきたんです。ここまでお話ししてきて、「世界観をつくること」だと説明してあげたほうが、ロマンチックでわかりやすく、みんなが受け入れやすいなと感じました。これからは説明のしかたを変えようと思います。

山口　世界観って、ブランドはもちろんだし、店舗がある業態でも、いろいろなつくり方があると思います。スターバックスはそれを非常に巧妙にやりましたね。無印良品の良品計画は、プロダクトも店舗も含めた統一的な世界観をつくることでグローバルに成功しています。

僕がとてもいいなと思うのは、パリのシテ島そばにある「シェイクスピア・アンド・カンパニー」という本屋さんなんです。書店のブランド競争をやったら、おそらく世界トップ3に入る書店です。

水野　あそこはすごい。存在自体が文学作品です。

山口　シェイクスピア・アンド・カンパニー、「シェイクスピアとその仲間たち」っていう名前で、文芸書ばかり扱っている。ここの店員は「文学を志しているけど、まだ食えません」みたいな人たちです。彼らが住み込みで働けるように、上の階はアパルトマンになっているんですよ。

イギリスからパリに来たブルース・チャトウィンや、アメリカから来て、売れない頃はほとんど浮浪者みたいだったヘンリー・ミラーも一時期、シェイクスピア・アンド・カンパニーに滞在して書店員をやっていた。ヘンリー・ミラーなんか、『北回帰線』で作家として成功したあとも、パリに行くたびにふらっとこの本屋に遊びに来て、「じゃあ、2階で朗読会をやるか」とか、やっていたそうですね。

蔵書の種類、書棚の配置、外観やインテリア、店のつくりはいくらでも真似できるんです。でも、シェイクスピア・アンド・カンパニーの世界観はコピーできないと思います。

水野　お店といえば、祐天寺に「ばん」っていう、レモンサワー発祥の店と言われる居酒屋があって。僕は数回しか行ったことがないけれど、集まってくるのはスタイリストとかデザイナーとか、みんな業界系の人たち。

山口　駒沢大学の「バワリー・キッチン」みたいなおしゃれ系ですか？

水野　集まってくる人はおしゃれ系なんですけど、バワリー・キッチンはきっちりおしゃれにしたおしゃれ。車で言うならランボルギーニみたいな（笑）。「ばん」は赤ちょうちんに紺の暖簾《のれん》で、外にはビールケースが積んである。中は煙がもくもく、壁にメニューがベタベタ貼ってあって。

山口　車で言うならハコスカをフルチューンで乗っているとか（笑）。

水野　どっちかというと、あえて10年ぐらい前の、型落ちしたボロボロのスカイラインに乗っているのがカッコいいみたいな世界観ですかね(笑)。僕はどっちもわかるんですけど。

何が言いたいかと言えば、世界観って「おしゃれを目指す」と決めて完璧に構築していくやり方と、あえて外すことで逆におしゃれにするやり方があると思うんです。ポール・ケアホルムのPKシリーズのようなミニマルなデザインの家具でまとめた部屋に、伝統的なペルシャ絨毯《じゅうたん》が敷いてあるのがいい、みたいな。

山口　利休がやっていた見立てみたいな感じですよね。ポンと置くだけでカッコよくなる。

水野　デザインやセンスの話って、とかく「カッコいい・悪い」「センスがある・ない」で語られがちですよね。でも、カッコいい・カッコ悪いの基準は人それぞれで、結局また、選ぶ人の好みや気分の問題に戻ってしまう。

ブランドでも商品でもお店でも、「どんな世界観にしたいか」をまず徹底的に考えることが、スタートなんですよね。そのときに、つい不安になって、保険のためにあれもこれもと余計なものをくっつけてしまうと、うまくいかない。ここというポイントを絞って、そこにそぐわないものは排除する勇気を持てば、世界観がくっきりと浮かび上がる。結果、コアなファンもついてくれる。

山口さんのおっしゃった「シェイクスピア・アンド・カンパニーは真似できない」というお話もまさにそれですよね。目指す世界観に向けて、細部まで徹底的に「最適化」ができているから、ブランド化できるんですよね。

利休のやっていた「デザインしないというデザイン」

山口　おしゃれを足しておしゃれにするんじゃなく、おしゃれを引いておしゃれにする。まさに利休がやっていたことですね。

水野　最適化からの逃亡で、さらなる最適化を目指す。竹をスパン、スパンと切って、そのへんで咲いている朝顔を投げ入れて、ポンとかけておくとか。

山口　当時の人たちは利休に対して、「なんかやられたぞ感」がめちゃくちゃあったと思います。その頃の「いいもの」は、朝鮮から来た磁器ですね。色目もきれいでつるんとして、ノイズが少ないものです。利休はそのなかで、わざと手ひねりのいびつな陶器を使ったりした。

水野　利休はそのへんの天才ですよね。日本のミニマリズムが世界で評価されているルーツは、利休の世界観かもしれない。

山口さんの前では説明する必要もありませんが、利休の美意識って、単にすべてそぎ落としたストイックさとは違いますもんね。利休の長次郎の樂《らく》茶碗は、釉薬《ゆうやく》のあとも残しているし、いびつに歪んでいる。人の手の痕跡、素材自体の美しさ、自然の偶発性みたいなものをあえて残している。これって、森羅万象に神を感じるという日本古来の考え方が土台になった、日本独自の美意識なんでしょうね。「不足の美」。利休はそれを、「侘《わ》び茶」によって完成させた。

山口　人であっても同じような世界観のつくり方があって、僕が本当にカッコいいなと思ったのが、動画で見たボディショップの創業者、アニータ・ロディックです。ロレアルに買収されましたけど株の売却をしたから、ものすごい大金持ちなわけです。でも、彼女はジーパンと白いシャツを着て、古いボロボロのフォルクスワーゲンゴルフに乗っている。

水野　一歩間違えると、「もう少し身なりに気を使ったほうが……」になりかねない（笑）。

山口　アニータ・ロディックだからこそできることで、これも一種の見立てだなと思いました。彼女自身に世界観があるから、逆にロールスロイスに乗ってゴージャスなドレスを着ても、違うタイプの世界観がつくれると思うんですよ。

エルメスの月と日本人の月見

水野　完璧なものを築き上げていくっていうブランディングだと、エルメスのようなブランドや、ハリー・ウィンストンに代表されるジュエラーがそうだと思います。
でも、世の中で僕らが買うもの、普段使いされるような店やモノは、外しみたいなことが必要だと感じます。

山口　確かにハリー・ウィンストンは完璧で隙がない気がしますが、エルメスは外しもうまいです。数年前、パリのサントノーレを歩いていたら、大量のしゃぼん玉が飛んでいたんですね。昼下がりで、日差しが明るくて、しゃぼん玉が虹色にキラキラ光っている。当たって弾けると濡れるからみんなキャーキャー言いながら避けているんですが、その光景はまるで映画のシーンを切り取ったように美しいんです。
それはエルメス本店のイタズラだったんです。本店の2階のテラスにいろんなサイズの輪っかがグルグル回って巨大な石鹼《せっけん》水のたらいを潜《くぐ》るようになっていて、それに巨大な扇風機で風を当てて大量のしゃぼん玉を飛ばしていたんです。まさにパリのエスプリだと思いました。それ自体がエルメスの世界観です。

水野　遊び心がありますね。しかも、想像しただけで美しい。

山口　銀座のメゾンエルメスも面白くて、不思議なリサイタルをやっています。ピアノのソロリサイタルなんですが、満月の日の月の正中、つまりいちばん月が高いところに来る時間にスタートする。

水野　それってすごい時間になりませんか？

山口　時期によって変わっていくから夜8時とかもあるんですけれど、夜中の3時スタートもありますよ。僕も誘われて行ったんですが、直通エレベーターだけが動いていて、中は真っ暗。ガラスブロックだから窓越しに入ってくる銀座の街の明かりと、あとは月明かりです。その、椅子もない暗い部屋でピアノの周りに座って待っていると、月が一番高くなった瞬間に演奏が始まる。

素っ頓狂で意味がわからないことですが、いかにもストーリーがある。茶目っ気がある世界観がなんとも素敵です。

水野　茶の湯の世界でいうところの「景色」。日本人は庭をつくったり、器を含めたすべての機微に至るまで全部美しく揃えられた景色をつくるのも、ものすごく好きで得意だったのに、最近の世界観の実例がバルミューダや良品計画くらいしかあげられないのが残念ですね。

山口　月見はただ月を見るだけじゃない。水面に映る月を眺め、杯に映る月も愛でて、みんなでお酒を飲むような遊びをやっていた人たちが日本人です。

新しい価値をつくる

水野　「いいもの」の価値基準って、時代と共に変わりますよね。とりわけ「ラグジュアリーさ」の概念は、近年大きく変わってきたなと感じます。

先日、視察でニューヨークのホテルを回ってきたんです。3日間で40軒以上見るという強行軍でヘロヘロになったんですけど(笑)、ホテル業界はいま、ますます面白いですね。単なる宿泊施設ではなく、社交場としての役割への回帰が加速しています。

1999年にシアトルにオープンした「エースホテル（ACE HOTEL）」がホテル業界に革命をもたらして、以降、地域コミュニティに密着した、華美ではないけれどデザインコンシャスなホテルが続々できていきました。ニューヨークでも2009年に「エースホテル」、2012年に「ノマドホテル（The NoMad Hotel）」ができたことで、その地区の人の流れがまるで変わったんですよね。寂れていた地域が話題のエリアになり、しゃれたお店が続々出店するようになった。

その後もニューヨークには、ゴージャス方向ではない、個性的で面白いホテルが次々誕生していたんですが、中でも2017年にオープンした「パブリックホテル（PUBLIC Hotel）」の存在は大きかったと思います。

山口　「パブリックホテル」の創設者はイアン・シュレーガーで、70年代にニューヨークに伝説のディスコ「スタジオ54」をつくった人物ですね。「スタジオ54」は、アンディー・ウォーホルやアル・パチーノ、エルトン・ジョンなど錚々《そうそう》たる顔ぶれが集った場所だったそうですね。

水野　はい。彼は1984年にも「モーガンズニューヨーク（MORGANS NEW YORK）」というホテルをつくって、ロビーを宿泊客以外にも開放して注目を集めました。「ロビー・ソーシャライジング」と彼は呼んでいるんですが、以降も、彼が手掛けたブティックホテルにはこのコンセプトが貫かれています。

シティホテル、ビジネスホテル、リゾートホテルという耳慣れた区分に加えて、近年、「コミュニティホテル」という言葉を聞くようになってきました。それがいま、一大ムーブメントになっている。

「パブリックホテル」にも、ロビーに快適な共有スペースがあって、早朝から深夜まで、おいしいコーヒーとデリが手に入ります。三つ星シェフ監修のレストラン、アートスペース、眺めのいいルーフトップバーもあって、夜な夜な、そのバーに入りたいヒップな人たちが大行列をつくるんです。

でも、そんな〝おしゃれホテル〟なのに、最低価格は1泊150ドル～とニューヨークではかなり手頃な部類でスタートしました。部屋は狭いですけど、内装の質も高いんです。なぜそれが実現できたかというと、ラグジュアリーホテルには当たり前にある様々なサービスを全てそぎ落としたから。チェックインはiPadでセルフサービス、ベルマンはいない、ルームサービスもない。あ、でもいまは、人気が出すぎてかなり値上がりしちゃってるんですが。
　ニューヨークには似た考え方のホテルが乱立していて、どこを見ても、シンプルな部屋と、高速のWi-Fiが飛んでいる充実した共有スペース、という組み合わせ（笑）。昼間は共有スペースでMac広げて仕事して、夜は社交場として利用する、という感じです。

山口　クラシックホテルの歴史を繙いても、ホテルってもともとは、社交場としての役割があったと思うんです。その役割が、ここにきてまた復活しているのではないでしょうか。

水野　ご指摘の通りです。Airbnbという競合と戦うべくホテルならではの価値を探し直して、社交場という考え方に回帰したのだろうと思います。それともう一つ、「ラグジュアリー」の概念が変わってきているんだとも思うんですよね。ミレニアル世代にとっては特に。
　かつては、ベルマンがうやうやしく荷物を運んでくれ、三つ星レストランでキャビアと高級ワインを嗜《たしな》めるのがラグジュアリーさの象徴だったけれど、いまは、そこでしかできない体験に価値を置くようになってきている。いかにインスタ映えするかってことも含めて（笑）。

山口　日本政府は２０１９年12月に「日本には富裕層向けのラグジュアリーホテルが足りないから国の支援で50カ所開発していく」と表明しましたよね。確かにそうだなとは思うんです。いいとされているホテルですら、実際泊まると質が低いことも多いので……。でも一方で、ビジネスホテルよりは上だけれど華美ではない層の、個性あるホテルも、もっとあっていいと思う。東京や京都には面白いホテルが増えてきましたが、国全体を見ればまだまだですね。

水野　この動きはなにもホテル業界だけじゃなくて、食も同じですよね。食の方がもっと先を行っているかも。日本でも、その土地土地の魅力を味わえるレベルの高いレストランが各地にできていて、フーディーはわざわざ足を運んで食べに行っている。ロマネコンティを飲むことだけが食の贅沢ではない（笑）。

日本各地にはたくさんの魅力が眠っていますから、自分たちの持つ魅力を見極め、世界観をしっかりつくりあげて発信できれば、まだまだ可能性が広がりますね。

世界観は知識からはじまる

山口　世界観がつくれる人やブランドづくりのセンスがいい人は、いわばプロットメーカー。優秀なプランナーは、いろいろな映画や文学作品に親しんでいる人が多くて、いろんな世界観を自分の中に持っています。よく言われる「引き出しがたくさんある」ということでしょうね。水野さんの表現だと、まさに「センスは知識からはじまる」です。

その知識は高尚だったり、とんがったものばかりじゃない。映画でも文学でも名作として世の中に残っているものは、その世界観そのものに普遍性やポピュラリティがあると思います。

水野　知識を増やすには残業ばっかりしていたらダメで、インプットが必要です。僕は、「昼の3時には仕事は終えられる」ともう15年ぐらい力説しているんですけど、デザイナーって放っておくと夜遅くまで会社にいたがっちゃう。最近は働き方改革を利用して、無駄に残業できない仕組みをつくっちゃってますけど（笑）。

一定のレベル以上のものをつくろうとすれば、やっぱり、時間は必要です。でも、なにも物理的な「作業」だけが仕事に費やした時間ではないんですよね。さきほど、僕が新幹線から見える家の家族構成をぼーっと想像しつづけているって話をしましたが（笑）、そこでつらつらと考えていたことがいざ仕事となったときにポンと役立って、完成までのスピードを上げてくれたりする。だから、どこにいるかよりも、「頭を動かしている時間」の多さの方が大切というか。「長時間職場にいればいいものが生まれるはず」という誤解は、デザイナーに限らずいろんな仕事をしている人が、解いたほうがいいと感じます。そうすれば、日本にはまた、世界観をつくる名人がたくさん出てくるかもしれない。

山口　わかります。映画をどれぐらい観ているか、どれだけ街を歩いているか、本をどれだけ読んで、どれだけアートに触れているか。それで知識の引き出しが増えていく。毎日夜中まで仕事だけしていたら、それは無理です。

知識は時間の関数なので、インプットの時間をかければかけるほど増える。累積したインプットの量がセンスになります。アウトプットしていても知識は増えないから、仕事というアウトプットだけだと、どんどんセンスから遠のいていく。

水野　ライフスタイルの見直しも大事でしょうね。どういう時間の使い方をしてきたかでインプットの量が変わってきます。

山口　電通で働いていた頃、「映画を観ろ、本を読め、演劇でもコンサートでも流行っているものがあったら行け」と言われて、今思うと結構いいことを言ってもらったと思っています。でも、「じゃあ、それを観るとどんな効果があるのか？」はわからなかった。
　それはいろんな企業で言えることで、だからみんな、アウトプットの形がわかりやすいインプットに時間を使おうとする。「エクセルを学ぶとこの仕事に役立つ」という感じですね。
　でも、一見、何の役にも立たない、仕事に関係ないような知識のインプットは、物語をつくり、世界観をつくるという形のアウトプットの材料なんです。センスをつくる材料でもありますね。

水野　インプットした知識が、売れる商品なりサービスなりというアウトプットにつながる可能性が何％かみたいな研究を僕は見たことがない。どのぐらいのインプットでどのぐらいの質と量のアウトプットが出せるかの確証はありません。でも、たくさんのデザイナー、クリエイターを見てきて、豊富な知識と幅広い経験がある人ほどいいアイデアを生むことができるという確信はもっています。

少し話がずれますが、デザインって、その効果の確証がないとされがちなんですよね。たとえばあるデザイナーが、飲料会社の仕事をしました。クリエイティブディレクターにも、クライアントにも「いいデザインだ」とほめられた。でも、本当に売れるという効果があるかどうか、打率何割かは、市場に出してみないとわからないし、売れたとしても、デザインの効果かはわからない——この諦めこそがデザインを悪くしている一つの要因だと僕はすごく思うんです。デザイナーを甘やかしているといってもいいかもしれない。

僕自身の打率は9割を超えていると思います。売上1・5倍だと低いほうで、僕が加わったことで、その会社なり商品の売上は2~3倍はいく。

僕の打率の理由は、世界観を最適化できる知識にあると思っています。インプットをたくさんして、どうやったら売れるデザインをつくれるか考えて、結果を出していくことが大切だと思い続けてきました。会社のスタッフにも、たくさん知識を得ようね、いろいろなものを実際に見て触れて体感してみようねと繰り返し言っているし、そういう機会をなるべくつくってあげられるよう努力しています。

デザイナーが売れるデザインをちゃんとつくらなければ、デザインに対する社会の信頼感は育ってこない。だから、ちゃんと結果を出したいんですよね。


山口　知識のインプットを続けるというのも、羽生さんのお話で申し上げたように水野さんの才能です。天才型と努力型って世の中でよく言われますよね。ぱっとできてしまうのが天才で、ひたすら時間をかけて頑張るのが努力型。

半年ぐらい前に、僕は自分が勘違いしていたな、と気がつきました。努力型は努力だと思って努力している。天才型は、楽しいと思ってやっているから努力とは思っていない。でも、実は努力型より時間をかけて取り組んでいるんです。

だからこそ、好きで続けられるということは、個人にとっても会社にとっても競争優位になると思います。

水野　デザイン会社は「小さい頃から絵が好きでこの仕事をしている」という人が多い。ある意味子どもの無邪気さのままひたすら絵を描き続けて、絵やデザインのスキルを身につけていったんですよね。

だから、絵をずっと楽しく描き続けていられるってこと自体は才能なんでしょうね。ただ、絵がうまいこと自体は、結果であって才能ではないというか。訓練や知識の積み重ね、努力なんじゃないかと思うんです。

そこに気がつくことができれば、もっとインプットの幅も広がると感じます。さらに言えば、僕が教えていた慶應の学生のように「デザインの外側で働くであろう人たち」や、メーカーの人たちも、山口さんがおっしゃるような美意識を持てるはずですよね。

山口　つまり、水野さんはセンスや美意識も言語化して人に教育することが可能だと思っているんでしょうか。

水野　ある程度は可能だと思っています。もちろん、多少時間はかかりますけど。

講演会などで、センスをよくする方法は？　ってよく聞かれるんですが、手始めに、ものを「ちゃんと」見てみることをおすすめしています。

デッサンに必要なのは、実は画力じゃなくて観察力なんです。人の眼ってあいまいで、かなりの量、思い込みによってものを見ている。キリンを描かせるとだいたい皆さん、身体を黄色で塗って、茶色の水玉を点々と描きます。でも実際のキリンは茶色の比率の方が高いし、模様の間はベージュ色なんですよね（笑）。頭の中の思い込みを外して目の前のものを「よく見る」ことが、センスアップへの第一歩だと思います。

山口　世界観をつくるいい訓練になりますね。

Ⅲ　未来をつくる

ブランドの世界観はどうつくるか？

山口　世界観のつくりかたとして、僕が面白いと思っている会社の一つがマツダです。普通、車のショールームって、やたら白くて床なんかテカテカしてるじゃないですか。

水野　最近のマツダのショールームは、喫茶店みたいな落ち着いた木目の床に変わっていますね。「新世代店舗」と言うそうですが、明らかに雰囲気が違います。

山口　そうです。マツダは「役に立つ」の競争で苦境に陥った時期、ブランド化しないと生き残れない、と腹を括ったそうなんです。それで会社としては「モノ造り革新」と打ち出して、魂動（KODO）デザインというモデルをつくりました。

でも、前田育男さん（常務執行役員　デザイン・ブランドスタイル担当）はモノづくりとデザインを連動させるというより、「ブランドの様式をつくる」と決めた、と。

車というモノだけじゃなく、販売店から広告から、いろいろな分野でビジュアルコミュニケーションをとってトータルでデザインする。ブランド化だから、デザインだけでなく、裏側には物語がある。前田さんのディレクションだと思いますが、この難しい挑戦を、マツダはずいぶんうまくやっているんです。

これは中川政七商店、相鉄グループ、だしの茅乃舎《かやのや》……。水野さんのお仕事のやり方とも共通していると思いました。

水野　すごくよくわかります。結局、表層のデザインだけをいじったところで効果は出ないんですよね。

近年僕のところに来る一番多い相談は、「なにから手を着けていいかわからないし、どこが問題なのかもわからない。でもこのままではまずいことだけはわかっているのでなんとかしてほしい」というものです(笑)。

うちは大半のクライアントさんと年間契約を結んでいて、長期間かけてじっくりブランディングを進めていくんですが、まずうかがうのは経営状態。どんな事業をやっているのか、うまくいっている事業とうまくいっていない事業の数字や利益の推移、改善にかけられる予算はいくらなのか、社内のリソースは……など細かくヒアリングします。その結果、たとえば新ブランドを立ち上げましょうとなったら、なにをつくるか、どういうブランドにするか、何を目指すのか、どんなブランド名にするのか、いくらで売るのか、どんなトーンにするのか……ブランドの方向性と世界観をつくりあげて、最後にようやく物理的なデザイン作業に入る。グッドデザインカンパニーという社名の割に、実際にはデザインの手前の仕事が大半（笑）。

でも当然で、ブランドの世界観をちゃんとつくりあげてからじゃないと、結果に繋がらないんですよね。

山口　手掛けられた企業で、印象的なものはありますか。

水野　だしの茅乃舎さんは、お声掛けいただく前からブランドがしっかりしていたので、実は最初、僕にやれることはないのではと一度お断りしたくらいなんです（笑）。でもその茅乃舎さんとですら、いわゆるデザイン作業に取りかかる前に10カ月くらい、ひたすら話し合ってブランドの整理をしていた期間がありました。ちなみに茅乃舎は一つのブランド名で、会社は久原《くばら》本家と言います。もうかなり長いお付き合いになってきましたが、人気はうなぎのぼりで売上も好調。でも久原本家さんのすごいところは、決して慢心しないところ。だから僕も、常にブランディングにおける新たな課題を探して、細かなアップデートをしていくよう心がけています。

山口　茅乃舎は社名ではないんですか？　妻が料理好きなので、うちはかなりのヘビーユーザーなのに知らなかった（笑）。

ブランド化には時間がかかるというのは、仕事で前田さんとお話ししたときにも感じました。2009年、前田さんがデザインディレクターになったとき、マツダの最大の問題は、デザインディレクターが4〜5年で変わることだったというんです。

長い間フォードの子会社だったから、社長もアメリカ人だし、デザインのトップもアメリカから来て、みんな5年くらいで帰っていく。

水野　途中で切れますよね。大手メーカーの課題の一つです。特に自動車のブランドづくりは長期戦だから、それでは難しいですよね。

僕はある種インフラでもある相鉄の仕事をしていますが、鉄道事業も本当に長期スパンなんです。いわゆるプロダクトとは時間の流れがまったく違うと実感しました。

山口　本当にその通りで、自動車のブランド化は時間がかかる。どういう顧客に、どんな場面で、どういう使われ方をしてという物語をつくるには、10年単位の中長期的な視点が必要です。それなのに4〜5年で本社に帰る人は、自分が赴任している短い間に業績を上げようとするから、齟齬があります。

２００８年のリーマンショック後にフォードとの資本関係がなくなったとき、バトンを受け取った前田さんは、まず構想を練ったそうです。

デザインコンセプト、デザインストラテジー。どういう人にどういう車種だと思われるのが理想か。マツダを世界の自動車メーカーの中でどういうポジションの会社にするのか。期限を切らずに考え続けたら、1年くらい経っていたとおっしゃっていました。

水野　一部上場企業でそれが許されるのは、珍しいんじゃないでしょうか。「意味がある」を考え抜いていたわけですね。

山口　考え続けて世界観をつくれば、今後車種が変わっても、会社としての一貫性は保てるでしょう。自分たちの物語をつくるとは、言い方を変えると「スケールを捨てる」という非常に大きな決断です。つまり、ターゲットを絞り込むから、市場は小さくなる。もともと4％くらいのシェアしかない会社だから尚更勇気がいるはずです。

マツダはレシプロエンジン[12]というニッチな世界で勝負しようと決めたんじゃないでしょうか。前田さんはそこまではおっしゃっていませんでしたが。いずれ自動車のマジョリティのゲームでも、レシプロエンジンは消えてモーターになるかもしれない。「それでも俺はレシプロエンジンが好きなんだ」という人にターゲットを絞り、彼らに買われ続けるブランドになろう、と。

水野　自動車好きの中には、たとえ電気自動車が主流になってもマニュアル車に乗っている人も少なくないでしょうね。僕の車も、いまどき、パワーウィンドウじゃないんですよ（笑）。息子から「窓を開けるのが面倒」って言われるんですが、「でもこの車のカッコよさはわかるだろ？　この車に乗りたいなら、窓の不便さは諦めるしかないんだ」と言って（笑）。

スケールを追い求めてマスだけをターゲットにする勝負から降りたら、「らしさ」が際立つというか、ブランドになれる。進む道に迷う多くの企業にとって、ヒントが詰まったお話ですね。

12 熱機関の一形式で、往復動機関もしくはピストンエンジン・ピストン機関とも呼称される。

日本の「マス」を捨ててグローバル化する

山口　パナソニックとバルミューダを比較すれば、マスをターゲットにする勝負ではパナソニックの圧勝です。圧倒的な規模の差がありますが「じゃあ、商品開発力はどっちが上？」っていったら、今のところバルミューダの大勝ちです。これからは、大きいということがメリットにならない時代が来ると僕は考えています。

水野　バルミューダは海外でも「その世界が好きな人」に支持されていますね。

山口　良品計画も売上高の50％が海外で、相変わらずすごい。グローバルに成長している企業は世界観があって、シーンの提案がちゃんとできている。これはターゲットがはっきりしているからで、もっと言えば「買ってほしい人」だけじゃなく、「買ってほしくない人」を決めるということです。そしてターゲットを絞るということが、日本の企業はものすごく下手だと思います。市場を小さくすることへの恐怖心があるのでしょうね。

でも、買ってもらいたい人がはっきりしていて、その人がおしゃれな人とかかっこいい人だと、その人に憧れる人も買うようになります。あんまり全員におもねらないほうがいい。

水野　「マスを捨てよ、世界に出よう」ですね。日本のマスを捨てたら、世界の海は広がっている。なんだかいい話だなあ。僕、茅ヶ崎育ちなんで（笑）。

山口　いい話です。僕、葉山に住んでいますから（笑）。

レッドオーシャンこそ自分の居場所が見つかる

山口　水野さんとここまで、「文明から文化」「役に立つから意味がある」そして、物語のつくりかたについてお話ししてきました。デザインの中に織り込まれた言葉以上の情報量が世界観であり、ブランドです。

世界観をつくることが企業にも個人にも、これからは必要だし、生き残る戦略だとも、僕は考えています。そのためにどうやって美の競争優位を高めていくか、デザインはどうあるべきかも伺いたいのです。

水野　僕ももっと山口さんと話していたい(笑)。世界の海に出てグローバル化するという話になりましたが、日本でもデザインや美意識を使って、やれることはまだまだたくさんある。むしろやっていないことが多い気すらします。

海つながりで言うと、レッドオーシャン[13]ってあるでしょう。「レッドオーシャンは競合がたくさんいて勝ち目がないから、敵が少ないブルーオーシャン[14]を目指せ」という話です。でも、僕はそれって少し疑問です。日本はこれだけモノもサービスも溢れていて、どこの海も真っ赤っかだけれど、やりようはある。

山口　レッドオーシャンに飛び込んで、世界観で成功した例は、ベタですけれどやはりスターバックスでしょうね。僕が大金持ちの投資家で、起業家のハワード・シュルツが資金提供をしてほしいとプレゼンに来たら、断ると思います(笑)。

「コーヒーチェーンをやりたいので出資してください。デリで1ドル、ダイナーなら2ドルで買えるコーヒーを7ドルで売るつもりです。タバコは吸えないけど居心地がいい店です」

スペックだけだと成功する要素はゼロだし、お店を見ないでコンセプトだけ聞いても意味が理解できなかったと思います。それが世界観だけで勝負して世界中に広がりました。

水野　スターバックスの何がすごいって、CMや駅の広告ポスターというビジュアルがないところです。店頭で季節限定フラペチーノなんかのビジュアルが掲出されているくらい。店舗のインテリア、制服、カップ、マグ、ロゴ。それだけで勝負している。

山口　いちばん強力な意味伝達媒体が顧客になっている構図ですね。

有名タレントがスタバのコーヒーを飲むみたいなCMを作って、ユーザー像を強制的に押しつけるようなコミュニケーションをとってないところが象徴的です。
六本木ヒルズでも東京ミッドタウンでもいいんですけど、スタバに立ち寄って、ラテのグランデサイズをテイクアウトして、片手にコートとブリーフケースを持って速足で出社する人の姿。そういう実際のシーンそのものが、スターバックスにとっては最高のコミュニケーションメディアになっている。

水野　それに加えて、インスタグラムのようなSNSの追い風を受けてスタイルに昇華していったと思います。「スタバ」という世界観にターゲット自らやってきて、「スタバで一人、ラテを飲む私」という物語を発信する。やっぱりすごいなと思います。

山口　圧倒的な世界観ですね。「スタバでコーヒーを飲んでいる自分」をシーンとして愛している人たち、スタバのタンブラーを持ってオフィスに行くシーンを素敵だと思う人たちがたくさんいます。ロゴのセイレーンやフォント、店の照明やソファもブランド化しているけれど、最終的にはブランドって、そこに集まる人がつくるという象徴です。

スターバックスによってセカンドウェーブ、シアトル系と言われる世界観はほぼ完成しました。「スターバックスがない人生なんて考えられない。ドトールに戻ってくれと言われたら死んじゃう」っていう人が結構いそうです（笑）。

水野　どんなに真っ赤っかのレッドオーシャンでも、「意味」をつくれればやりようはある。スターバックスがこれだけ活躍しているカフェ業界の海でも、まだやり方はあると。まあ、別の赤い海もあるから、あえてコーヒーの海に飛び込まなくてもいいかもしれませんが（笑）。

山口　小津安二郎風な純喫茶店とか、レトロな喫茶店がまた人気になっていますし。コーヒー業界はさておき、本当にいろいろなところでレッドオーシャンに「物語」で参入することは可能だと思います。非成長の成熟産業で、過当競争の上にスペースあたりの売上が小さいカフェ業界で、スタバが成功できたんですからね。

既存のトラディショナルなもので、みんな「これでもう十分」と思っているものでも、物語やシーンを提供できると、値段も3倍にできる。値段が3倍にできるということは、逆にいうとお客さんが半分でも、極論すれば3分の1になっても売上は伸びる。

日本は人口が減っていくのが明らかですから、国全体としてそっちにシフトしないと未来がない。いらない機能をつけて、それで売れなくなったから、また機能をつけてという方向は、本当にいい加減にやめないと。

13 経営学の用語で、血で血を洗うような激しい価格競争が行われている既存市場のこと。
14 経営学の用語で、競争のない未開拓市場、新しい商品やサービスを開発・投入することで創出される競合相手のいない市場のこと。

マッキンゼー流・デザイン経営は機能するのか？

山口　ありとあらゆる産業は二つの方向に動くと僕は思っています。
一つはファッションビジネス。「役に立つ」の時代が終わって、モノは自己表現するための道具になっている。エアコンは涼しくする道具ではなく、自分の好きなインテリアに合うエアコンにしたいとか。そしてもう一つは、サービス産業化するという流れです。
　これまでの日本は製造業でずっと伸びてきましたが、二つの方向に向かうなら、価値を転換していかないと。それで、価値を転換できる人がこの先は必要で、それは誰なのかというと、今はまだ職業に名前がついてない。今ある職業でいうなら、それがクリエイティブディレクターだと思います。

水野　職業って、その仕事が始まってしばらく経つと名前がついてきますね。たとえばCMプランナーという言葉は、1970年代には少なくとも市民権は得ていなかったはずです。クリエイティブディレクターという僕の仕事も、世の中に知られるようになったのは最近です。でも、急激に知られてきた実感はあって、「文明」ではなく「文化」、「意味をつくる」仕事が、それだけ求められているんでしょうね。

山口　その一例だと思うのですが、2015年にマッキンゼーがデザイン会社のLUNARを買収しました。

水野　ナイキやコカ・コーラ、メジャーどころの広告を手掛けている老舗ですね。

山口　ボストンコンサルティンググループもデザイン会社を傘下に持っていたりします。事業戦略のプロであるコンサルが、デザイン会社を引き入れている。これって世の中が本気で世界観をつくれる人材を求めているという証拠ですよ。

水野　あのニュースには驚きました。いや、僕、マッキンゼーとかボストンコンサルティングなんか一生入れない会社だと思っていたから、ちょっと光が見えたなあと（笑）。

山口　入らなくていいです（笑）。

僕ははたから見ているだけですが、率直に言って、しっちゃかめっちゃかなんですよ。苦労している大きな理由は、最終的にいいデザインをどう選び、意思決定していくかというプロセス、言ってみればクリエイティブ・ガバナンスの仕組みができていないからです。「クリエイティブをどう統治していくか」という意思決定の仕組みづくりも、今後はコンサルティングのテーマになると思いますね。

水野　実を言うと、最近、僕のところに来る仕事の依頼パターンが少し変わってきたんです。もう何年も前から広告代理店経由はほぼゼロで、クライアントから直接が大半。それも大手企業から直接連絡がくることが年々増えていたんですが、それに加えて最近増えたのが、コンサル会社、投資会社、銀行が仲介に入っての依頼。

山口　ああ、そうでしょうね。依頼内容は経営の立て直しですか？　それともデザインですか？

水野　両方です。銀行は金利で儲けをあまり出せない状況になっているし、貸付もダメ。結局は企業に投資して、何なら経営にも一枚噛んで、何かしらのカンフル剤を打って貸付先を立て直すしかない。昔なら投資会社がやっていたことを、地銀なんかでも本腰を入れてやりだしたんでしょうね。

経営コンサルタントは、経営戦略を考えるところまではできる。でもどんなに立派な戦略を立てたって、最終的にそれを世に出すときのアウトプットの質が悪かったら、結果はついてこない。経営のコンサルをやればやるほど、デザインなどの最終的なアウトプットまでちゃんとやらないと売れないと思うみたいですね。

そういうわけで、有名なコンサルの方や、銀行の偉い人からご連絡をいただいたりして。3年ぐらい前から徐々に増えてきたけど、この1年はめちゃくちゃ増えていますね。

山口 コンサルがコンサルだけしている時代が終わって、実際、目に見える形にするところまでやらないと高額の利益が取れなくなった。マッキンゼーがLUNARを買ったのはその先駆けだと思いますが、水野さんは日々それを体感していたんですね。

マッキンゼーのLUNAR買収というニュースを聞いたとき、僕は絶対失敗すると思いました。正直にいうと、バカじゃないのって(笑)。

水野 そうなんですか!(笑)

山口 (笑)。僕もかつて働いていたけれど、コンサルティング会社って「役に立つ」の塊で、正解がある世界で課題解決をする。1＋1は必ず2だから、一つの物差しでいいんです。

でも、デザインは多様化するので、物差しが一つであったら意味がない。LUNARを買ってしまったら、LUNARのデザインしかクライアントに提供できなくなるから、ものすごく経営を縛ることになります。

「このクライアントにはLUNAR、こっちのクライアントにはグッドデザインカンパニーに入ってもらおう」と外部と組むほうが自由度は高いし多様なクライアントに対応できるので、成功率は上がる。

でも、自分たちのデザイン会社があったなら、そこの利益も考えなきゃいけないから、「稼働率を上げるためにどっちのクライアントもとにかくLUNARを使え！」となる。手足を縛られた状態になってしまいます。

水野　なるほど。クリエイティブチームごとに個性や得意不得意があるから、目指す世界観によって適したチーム編成から考えるべきなのに、チームを選べない状態を自らつくってしまったということですね。

確かに、企業がデザイナーを囲ってハウスエージェンシーみたいにしたり、IT系企業、網業の人たちも自社デザイナーを囲っているけれど、うまく機能してないという話はしばしば耳にします。

山口　時代に逆行していますよ。分散化がものすごい勢いで進んでいる社会において、いろんな役割が一つの大きな会社になって、垂直統合しようとしているんですから。企業にデザイン室があった昭和の時代に逆戻りします。むしろ小さい会社になって、いろんなデザイン会社と組んだほうがいいのに。

僕はすべての会社は小さくなり、映画づくりみたいになると考えているんです。プロデューサーがいい原作を見つけて、これをもとに映画をつくろうとお金を集めて、脚本家と監督を決めて、監督と相談しながらキャスティングしていく。プロジェクトごとのチームでいいと思います。

「一人電通」だったレオナルド・ダ・ヴィンチ

水野　企業やコンサルティング会社がデザイン部門をつくってうまくいかない理由は二つ

あると感じます。一つはデザインのもたらす効果を軽く見ているから。もう一つは、デザイナーのコントロールを軽く見ているから（笑）。

僕はクリエイティブディレクターとして、自分の会社のデザイナーの指揮を20年以上とっていますが、いまだにコントロールできないです。僕の仕事の中で最も難しい（笑）。

たとえばポスターをつくるときに「この書体でこの位置に入れておいて」と指示して、出来上がってきたら、全然、違う書体が入っている。

山口　その書体に、水野さんが選び抜いた歴史と物語と世界観が詰まっているのに（笑）。

水野　「あれ、どうして？」って聞くと、「いや、この書体がいいなあと思ったんで」。でもこういう理由でこの書体に決めたはずだよね？　と確認すると、「あー。集中して作業しているうちに、そのこと忘れてました」。もうなんというか……自由（笑）。

山口　まさにクリエイティブ・ガバナンスが必要になりますね。

水野　デザイナーって個性的な人が多いし、「人のことはどうでもいいから一人で絵を描いていたい」という人も多い。業界的にはちょっと情けない話ですけど、ビジネスとデザインが協力していくうえで、そこは案外大きな課題なんですよね。

山口　でも、水野さんはその両方ができるから、橋渡しも可能になる。クリエイティブディレクターと呼ばれる人たちは、美やアートの世界とビジネスの世界の垣根を越えられるし、繋げられる人たちじゃないでしょうか。

そういう存在で思い出すのは、レオナルド・ダ・ヴィンチ。僕は彼の本は相当読んでいて、先日もアイザックソンが書いた分厚い伝記（『レオナルド・ダ・ヴィンチ』文藝春秋）の書評を書いたのですが、彼はまさにビジネスプロデューサーであり、画家であり、デザイナーであり、エンジニア。昔はこの類の仕事に垣根がなかったし、分かれてきたのはここ100年ぐらいだと思います。

レオナルド・ダ・ヴィンチって今風に言うと広告代理店なんですよ。

水野　芸術家であると同時に科学者でもあったし、多才だというのは知っていますけど、代理店のイメージはありませんでした。

山口　「モナリザ」や「最後の晩餐《ばんさん》」などが非常に有名なので「画家のイメージ」が強いけれど、完成作品は十点ほどでしかなく、職業画家とは言えません。気が向いたときに描くらいでまあ趣味でやっていた感じでしょう。

じゃあ何で食っていたのかというと、メインは武器の開発、都市計画の策定などで、今日でいうシンクタンクやコンサルティングファームに近いイメージですね。有名なチェーザレ・ボルジアはレオナルドを一時期、戦略アドバイザーとして雇っています。ただ、面白いのがそういった仕事の一つとして「パーティの演出」なんかもやっていたらしいんですね。15世紀半ばのイタリアですから「貴族の娘が結婚する」となると隣国から来賓を呼んで盛大な結婚披露パーティが開かれるわけですが、ダ・ヴィンチはそのパーティの出し物を含めた総合演出を手掛けていたんです。

そういったパーティの参加者の感想が今日まで残っていて「今日の結婚式はすごくて、劇では人が空を飛んだり、ライオンが観客席のほうから突然出てきて火を噴いたり、めっちゃ楽しかった！」なんて書いてある。それがダ・ヴィンチのやっていたことで、いわば「一人電通」ですね。

水野　世界観をつくる力もプロデュース力もあったんですね。

山口　ダ・ヴィンチは一人電通であり、元祖クリエイティブディレクターですよ。クリエイティブディレクターという職業が市民権を得たのはここ10年ぐらいですが、そういう仕事自体は600年前からあったと思います。

スティーブ・ジョブズはデザイナー的な経営者

水野　「クリエイティブディレクター=世界観をつくる仕事をする人」という定義にしたとして、その人たちがどこからやってくるかに、僕はすごく興味があります。

デザイナー側から登場するというのはなんとなく想像がつきます。でも、僕はそれだけじゃ足りないと思っています。慶應の授業で学生にこんな話をしました。

「定員300席の映画館があって、全部クリエイティブディレクター用の指定席です。まだ3つか4つぐらいしか埋まっていない。ガラガラです」

山口　日本という国に300人くらい必要ということですか？

水野　はい。あらゆるビジネスの現場にクリエイティブディレクターが必要なはずなのに、現状はガラガラ。役職としてその名前がついている人はたくさんいるけど、僕が考えているようなクリエイティブディレクターは全然いない、という話です。

山口　水野さんが考えるクリエイティブディレクターというと誰でしょう？

水野　まずはスティーブ・ジョブズですよね。あとは誰かわからないけれど、スターバックスの世界観を管理している人。ハワード・シュルツ退任後は誰がやっているのかな。それと、ディズニーランドも見事ですよね。

僕が考えるクリエイティブディレクターは、ブランドの世界観をつくることができて、同時に経営やビジネスのことも考えられる人。クリエイティブやデザインの細部を見ながら、企業やブランドのビジョンも描ける人。

山口　だからスティーブ・ジョブズを挙げたんですね。ジョブズは非常にデザイナー的な経営者だったと思います。でもデザインの側から来た人じゃない。テクノロジーに詳しかったけれど、エンジニアとして一流というわけでもなかったことはよく知られています。

彼が実際にスケッチを描くかといったら描かないし、エンジニアとしての実務はもう一人のスティーブのウォズニアックがやっていた。

でも、ジョブズは自分がつくりたい機能のあり方とか、インターフェースのイメージがはっきりあるわけです。そこが彼の真価だし、だからAppleの世界観、もっと言えばアップルがある世界をつくり上げることが可能なんでしょう。

水野　本国でAppleの広告を手掛けた日本人クリエイティブディレクターの曽原剛《そはらごう》さんから聞いたんですが、ジョブズは仕上がったテレビCMが、その前の提案時のビデオコンテとほんの少し違うだけでも、その差に気づいたそうです。とてもデザイナー的ですよね。

僕は、デザイナーが経営のことをわかってもいいし、経営がデザインのことをわかってもいいし、その間を通訳できる人がいてもいいと思っているんです。とにかくデザインやアウトプットをつくるより前の段階、世界観から丁寧に構想していける人が必要です。

携帯電話がガラケーになった理由

水野　iPhoneが登場してスマホの時代が来たとき、日本の携帯電話は「ガラケー」の名前になった。でも、ガラパゴス諸島という桃源郷はグローバル時代に成立しないわけで、たちまち外来種にやられちゃいました。

山口　日本のデザイナー携帯の時代がありましたし、佐藤可士和さん、深澤直人さんという人たちが手掛けていて。

水野　平野敬子さんのもありましたね。

山口　深澤直人さんがデザインしたauの携帯なんて、ものすごくエキセントリックで独創的で、今見てもものすごくカッコいい。あの時代によくああいうものをつくったと感動します。

それなのにiPhoneが生まれなかったのは、デザイナーというよりクリエイティブ・ガバナンスの問題だと思うんです。

水野　意思決定のプロセスが整理されていなかったということですか?

山口　そこも含めて、チームが分断されていたという問題があります。新しいテクノロジーで手探りだったことも大きいと思いますが、「機能の要件定義はエンジニア」「見た目の差別化はデザイナー」というバラバラなやり方をしていたと思います。

でも、機能やインターフェースのあり方そのものがデザインの領域でもある。そこを完全に分けてしまったら、「キーボードなんていらないよ!　つるっとしていたほうが使いやすいし美しい」という発想が出てこなくて、タッチパネルが生まれなかったのではないかと。

水野　そうですね。携帯電話はこの先どんな姿になったら素敵だろうか、という大きなビジョンを描く人がいないまま、通信会社は通信会社の事情で動き、メーカーは与えられた枠の中で機能を付加し、デザイナーは外装デザインだけをやる。そんな分断された環境下では、iPhoneは生まれない。

山口　日本の携帯電話産業には、クリエイティブディレクターの役割を果たせるデザイナーがいたのに、舞台がすごく狭く設定されていて、テクノロジーの部分にまで食い込むことができなかった。それが敗北の大きな要因だと僕は思います。

水野　あるいは、デザイナーに依頼した企業側に真のクリエイティブディレクターがいたら、結果は変わっていたかもしれません。iモードの時代には夏野剛さんがいたのに、その後の日本の状況は残念ですよね。

山口　Zibaのエグゼクティブプロデューサーの濱口秀司《ひでし》さんがこんなふうに言っています。

会社の事業は、最上流にコンセプトやビジョンがあり、その下に戦略があり、その下に戦術やプランがあって、いちばん川下に実行やディテールがある。いちばん自由度が高いのは、間違いなくいちばん上流ですよね。自由度が高いなら、本来はそこにいちばん戦略を差別化するチャンスがある。

でも、企業が実際に時間や知的負荷や労働力を投入しているのは川下。実行やディテールです。携帯電話の例で言えば、キャンペーン、通信速度、モデルチェンジ。ガラケー時代は春夏と秋冬で年に2回新モデルが出たし、1メーカーが5機種も7機種もつくっていました。

水野　七色に光りますとか(笑)、やたらファンシーとか、「デザインの過剰」になる。

山口　世界観の話はもちろん、テクノロジーの未来の議論は全然行われていない。「あなたは表層のデザインをやってください」、「あなたは通信速度を上げてください」「あなたはカメラの画素数を上げてください」と、個別領域ごとに半年先の目標に向けて走っていたら、みんな力を発揮しようがありませんよね。

企業がクリエイティブ・ガバナンスをつくるには？

山口　水野さんは大小さまざまな企業とお仕事をされていますが、意思決定の仕組みをつくるのは難しかったりするんですか？

水野　僕は意思決定の権限を持っている人と直接仕事することを鉄則にしています。意思決定プロセスをあらかじめ明確化してもらうことは、仕事をお受けするときの条件の一つにしていますね。

いちばんスムーズなのは、上流でうまくコミュニケーションが取れて、経営者が「水野さん、まとめて世界観をつくってください」と一任してくださるケース。幹部以下にも「技術部門も販売部門も水野さんのディレクションに従ってね」って「やってみなはれ」をさせてくれるので、結果も出ます。

だけどある程度大きな規模の会社の場合、役員の中に「やってみなはれ」を阻止する人が出てくることはありますね。経営トップと僕が「こうしよう！」と意気投合しても、「いや、それはうちらしくない」とか、「業績的にここはカットしたほうがいい」とか言ってきたり。

逆に、開発の現場担当者がすごく優秀な方で、社内調整に奔走してくれるケースもあります。プロジェクトもうまくいくし、担当者の業績も伸びる。でも、その担当者が出世していくと、足を引っ張る人が出てきたり（笑）。

要するに、社内政治ですよね。相手クライアントに深く入って、経営に近い立場で仕事すればするほど、それを目の当たりにする場面はどうしても出てきますね。

山口　組織的なガバナンスとしていちばんうまくやっているのは、良品計画さんだと思います。現会長の金井政明さんは表に出すぎることもないし、取締役会で決裁したあと、原研哉さんが加わっているデザインアドバイザリーボードでも検討する。いい意味で緊張関係があるというか。

水野　「無印良品」のコンセプトづくりをして立ち上げたアート・ディレクターの田中一光さんや、それを田中さんと一緒にやっていたクリエイティブディレクターの小池一子さんのＤＮＡがずっと受け継がれているんでしょうね。

山口　良品計画みたいな会社がもっと増えてほしいですね。それには経営者がプロデューサー的になっていかないと。全部を自社で賄うのではなく、プロジェクトごとに社外からエンジニアもデザイナーも連れてくる。工場だってその都度見つけてきてもいい。

経営者とデザイナーがタッグを組んで、クリエイティブディレクターの役割を果たしてもいいと思います。一緒に物語をつくっていった方が、飽きもせずに市場調査をしてなんとなく決めるよりも、面白い未来になりますよ。僕はそうなると予測しているんじゃなく、そういうふうになるように世の中をけしかけているんですけど（笑）。

ただし今の経営者は50代、60代くらいで、世界が変わった端境期《はざかいき》にいた世代です。20代、30代の若い頃は「主体的にモノをつくるより、指示に従え」と言われて、今になっていきなり「会社として独自の方向性を出せ、尖ったブランドをつくらないと」みたいになっている。戸惑うのも無理はないと感じます。

水野　おっしゃるとおりですね。

クリエイティブな組織をつくる第一歩は、まず経営者が、クリエイティブの重要性、「意味をつくる」ことの必要性を理解することです。自分にクリエイティブの良し悪しを判断できるスキルがなければ、外部からクリエイティブディレクターを招く。僕は、自分は経営者の右脳だと説明しています。経営者とクリエイティブディレクターが、二人で一つのチームになればいいんです。

次に、組織構造を変える。

経済産業省と特許庁が2018年5月に「『デザイン経営』の先行事例」をまとめた資料を発表しています。デザイン部を社長直轄の組織にしているソニー、マツダ、キヤノン、TOTOなどの実例が載っていて、最近は、ニコンもこの動きに追随しています。でもほんとうは、この時期に「先行」事例とされていることがかなしいんですよね。ダイソンやサムスンなどはずっと前からやっていることですから。ソニーには1960年代から社長直轄のデザイン室（現・クリエイティブセンター）がありますが、そういう日本企業は少ない。

デザインやクリエイティブの部門は、今後は社長直轄にしないとだめだと思います。昔ながらの硬直化した日本型組織で、下から上げた案に中間からNGが出て出し戻しを繰り返し、さらに社内で順番に稟議《りんぎ》を通して……とやっていたら、「意味をつくる」戦いでは勝負になりません。

クリエイティブ病院の患者たち

山口　水野さんの本で読んでその通りだと思ったし、こうして直接教えていただいて尚更、デザインには会社の思想や戦略も織り込まれていると再認識しています。

「役に立つ」では未来はない。物語をつくらなきゃいけない。それには日本の美の競争力を高めるという大きなテーマに取り組む必要がありますね。

それについては三つの課題があります。

一つは、実際にいいデザインをつくれる人をどう増やしていくのかということ。

二つ目は、クリエイティブディレクターをどうつくっていくかということ。

三つ目は、デザイナーやクリエイティブディレクターの提案を受ける側の企業の、クリエイティブ・リテラシーをどう上げるか。つまり、クリエイティブ・ガバナンスの水準を上げていくということです。

理想はスティーブ・ジョブズみたいなCEOがいるといい。朝令暮改とかエキセントリックすぎるとか、対人面のトラブルはあるかもしれないけれど、働く人の目線も引き上げてくれるし、ものすごくいいものをつくっていける。

でも現実として経営者には、「カッコいいマークを考えてよ」とデザインの表面だけを捉えている人も多いと思います。逆に「売れるようなマークにしてよ」と戦略はデザイン頼みという考えの人もいる。どっちも困った社長ですけど。

投資会社の人に連れられて、ＦＢＩに捕まった宇宙人みたいな経営者が来て（爆笑）、「ひとつよろしくお願いします」って人の会社の仕事は難しくないですか。

水野　僕はクリエイティブ病院って呼んでいるんですけど、うちに来る患者さんの病気の重さによると思います。

明らかに具合が悪くて、いろんな手を打ったけどダメ。自分でも「もう無理かもしれない」と思い詰めて、藁《わら》にもすがる気持ちで僕のところにたどり着いた重病の経営者は、真剣そのものなんですよね。だから、治療していくうちにうまくいったりします。

逆に、自覚症状がなくて、元気なまま投資会社に連れてこられた経営者は、「おしゃれな東京の先生のところへ来ちゃった。ひとつ、おしゃれなマークを頼みます」みたいになる（笑）。

山口　当事者意識がない人たちを動かすのは難しいですね。

水野　その通りです。「こうしたい」という強い意志もない。会社やブランドへの深い愛もない。打ち合わせでは「水野さんの言う通りにします」と帰っていったのに、そのあと投資会社だったり親会社になにか言われて、次の打ち合わせでは「やっぱり別案にしました」と言ってきたり（笑）。そういうときはもう、先ほどの意思決定プロセスから組み直しですよね。

でも、仕事って結局誰かの強い情熱がエンジンになるんだなあ、とも思うんです。打ち合わせを重ねていく中で、それまで発言もしなかった若手社員の一人がだんだん本気になり、熱意を持って取り組んでくれるようになった。その一人の変化をきっかけにチーム全体が徐々に変わっていく……なんてことも、実際ありますから。先ほど山口さんからも、モチベーションが最大の競争力になる時代だという話がありましたが、本当にそうですよね。モチベーションって、いい仕事を生み出す最強のエネルギーです。

山口　「今の高血圧を放っておくと将来やばいかも」といった感じの、自分で来院する軽症の患者さんはいませんか？

水野　います。茅乃舎の「久原本家」さんはそのケースです。宮崎県の焼酎の酒蔵「黒木本店」さんとのお付き合いももう7年くらいになるんですが、そのケースでしたね。売上的にただちに困っている訳ではない。しかし将来を考えるとブランディングというものが必要だと思った、と。優秀な経営者の方ほど、クリエイティブ病院の必要性をわかっている印象です。これは会社の規模関係ないですね。

あとは、家業で、代替わりを見据えて依頼してくださる会社も多いです。自分は近い将来我が子に社長の座を譲る予定だ。だからいまのうちからブランディングに取り組んで、代替わり後も経営がスムーズにいくようにしたい。親子二代にわたって水野さんがしっかり見てくださいね、と。

山口　自覚症状がない患者さんの中には、突然「この部分は赤にしたらどう？」とか、意味のわからないこと言い出す人はいませんか？　僕は電通の営業時代に、それで困った経験がありますけど（笑）。

議論を尽くすことは必要ですが、ただひとこと言いたかっただけとか、思いつきで急に「赤がいい」と言われたら「赤ですか……」としか、言いようがない。デザイナーにどう伝えようかと理由を聞いたら、「なぜならうちは赤がラッキーカラーで」とかね（笑）。

水野　その症例、しばしば遭遇します（笑）。そういう場合、僕はまず「好みだけで話すのはやめませんか」と言います。「最初に決めたコンセプトに立ち戻って考えましょう」と。

たとえば相鉄さんの制服を決めるときに、ネクタイをどうするかがいちばん意見が割れたんです。相鉄のプロジェクトでは、最初に「安全×安心×エレガント」をコンセプトとして定めました。そして車両の色は、横浜の海の色をイメージして「ヨコハマネイビーブルー」にした。制服も、ジャケットはすんなり紺に決まりました。でもネクタイについては、水玉がいいとか、レジメンタルがいいといった案が出て、意見が割れたんです。

僕が言ったのは、「水玉は、エレガントでしょうか？」「レジメンタルは左上がりだとアメリカ式、右上がりだとイギリス式になります。相鉄線は、アメリカかイギリスのどちらに寄せるブランドでしょうか？」。結果、無地でびしっと収まりました。

これは意味、物語、あるいは世界観を、具体的なデザインをする前につくっているから説明できること。それが僕の仕事なんです。

山口　それはものすごく大きな研究テーマになりますね。

企業側のパッションや「どういうものを世の中に出したいのか」という思いは重要だし、「好き」という思いも非常に大切です。でも、熱い思いや好き嫌いで単純にものを言うと、デザインがむちゃくちゃになっていくところもある。

このアンビバレンツがあるからこそ、クリエイティブ・ガバナンスは難しいのでしょうね。

水野　海外企業でクリエイティブ・ガバナンスをうまく発揮しているのはどこでしょうか？

山口　代表例はヨーロッパのラグジュアリーブランドのメゾン、ＬＶＭＨだと思います。

水野　モエ・ヘネシー・ルイ・ヴィトン。ディオール、フェンディ、ゼニスといったファッションから、ブルガリやウブロみたいな宝飾品、もちろんヘネシーみたいなお酒の会社もグループになっていますね。

山口　CEOのベルナール・アルノーがデザインに対して口出しをしているかというと、おそらくやっていないんですよ。承認さえもしていないと思います。

ほとんどが家族経営だったヨーロッパのメゾンを傘下に入れて、グローバルブランドとして現代でやっていけるようテコ入れしたのですから、相応のマネジメントはしていると思いますが、介入すべきポイントと介入すべきでないポイントの見極めが絶妙なんでしょう。

もしもベルナール・アルノーがルイ・ヴィトンの来季のコレクションを見て、「この色気に入らないから、赤にして」とか言ったら、一瞬であの帝国は崩壊する。この距離感みたいなものが、日本のマネジメントはものすごく苦手だと感じます。

アラン・デュカスにカップヌードルをつくらせる

水野　みんながベルナール・アルノーやスティーブ・ジョブズにはなれないから、山口さんがおっしゃるように、人を外から集めてくることが必要です。

ただ、招聘《しょうへい》するタイミングも重要なんですよね。たとえば新しい清涼飲料水をつくるとしても、既に具体的な商品が決まり、下流まで来ていたら、できることって少なくなっています。「炭酸のレモンジュース５００ml」までできてしまっていたら、名前とパッケージくらいしかつくれない。

でも、もっと上流の時点で優秀なクリエイティブディレクターが入っていれば、「レモンで本当に売れるのか？」とか「絶対５００mlがいいのか」とか、いろんなことが考えられるかもしれないんです。そうすると、最後はもうあまり考えなくてもいいというか、「考え抜いた物語はこれ。この世界観を表現できるのはこのデザイン」と自然に決まります。

それをやらないから、どんなデザイナーがやっても変わらないような、普通のレモンジュースができて、売れない結果になってしまうのだと思います。

山口　それって料理で言うと、もうカップヌードルがテーブルに載っている状態で、料理人を探すようなものですね。アラン・デュカス[15]を呼んできても、そのへんの人を呼んできても、出来上がるものは差別化しようがない。

アラン・デュカスに「桜エビと味の素も用意してありますので、思う存分クリエイティビティを発揮してください」と頼んだら、彼、困りますね。「いやあちょっと俺に言われても……」みたいな（笑）。

自由度がものすごく狭い。美意識やデザインの役割を矮小化《わいしょうか》していると言うか、誤解している。かれこれ50年ぐらいずっと続いている問題だと感じます。

15　料理人、レストランプロデューサー。フランス料理史上初めて2軒の三つ星レストランを経営するシェフ。

ココ・シャネルの前と後

水野　僕はよく、「デザインには前と後ろがある」と言っているんですよ。「後ろ」は、絵を描いたり、形をつくったり、いわゆるデザイナーの仕事だと思われている部分。「前」っていうのは、先ほど、僕が依頼を受けてから最も時間を割くと話した部分です。まさにどんな料理をつくるかを考える上流の部分。どんな料理をつくるか——この構想のうまい・

下手こそが肝なんですよね。

山口　デザインの前と後ということで言えば、シャネルスーツやシャネル・バッグは、ココ・シャネルのデザインの「後」です。

シャネルは1940年代に上流階級の女性向けの服をつくり始めたけれど、当時のオートクチュールはウエストを締めて胸を強調するという、着心地が悪く、見た目は綺麗で性的なドレス。高額だから、顧客はパトロンやブルジョアの旦那さんに買ってもらうわけです。窮屈なコルセットがついていたのは、ある意味、女性は愛玩物という象徴にも思えます。

ガブリエル・シャネルは孤児院で育って、酒場で歌ったり、一時は愛人なんかもしていたけれど、「男性に頼らない生き方をしたい」という強烈なプライドと野心を持っていた。女性がもっと自由になって、自分の服は自分で選ぶべきだという価値観こそ、水野さんがいうところの、シャネルのデザインの「前」なんです。

水野　シャネルは女性をコルセットから解放し、男性のものだったジャージやツイードを初めて婦人服で使い、女性の服に初めて黒を用いたことでも知られていますね。両手が自由になるショルダーバッグもシャネルの発明だそうですね。

山口　そう、今の女性のファッションの「当たり前」はシャネルの発明だから、もちろんデザインの「後」も素晴らしい。でも、着心地がものすごくよくてエレガントに見える画期的なドレスやバッグは、「女性の新しい生き方」という「前」があるからこそ誕生したんです。

シャネルスーツもどきやシャネル・バッグもどきはたくさんコピー商品が出ているけれど、彼女の価値観や生き様、時代に対するアンチテーゼはコピーできないでしょうね。まさに20世紀の女性はこうあるべきだという構想だし、しかも頭で考えたんじゃなく、生身の喜怒哀楽も含めて打ち出した。だから革命が起きたと思います。

これはスティーブ・ジョブズも同じで、僕が印象的だなと思ったエピソードは、ジョブズがゼロックスのパロアルト研究所に行ったとき、みんなが最新技術を眺めて「へえ～、すごいですね」とのんびり言っているなかに、一人だけ「これは革命だ！」と大興奮していたという話です。彼はきっと、見えたんです。高校生がマッキントッシュを使ってプログラミングをしてすごいことをやっている絵がね。彼は目の前の新しいテクノロジーではなく、自分の中で生まれた未来の世界観に興奮していたと思います。

ＡＩがあればデザインは不要なのか

水野　多くのデザイナーは「ＡＩの技術が発達してもデザイナーという職業はなくならない」と勘違いしていますが、僕は真っ先になくなっていく仕事だと思っています。デザインは知識と知識の結合なので、今後はランサーズみたいなマッチングが増えていくでしょうし、そのあとは自動デザイン製造アプリが主流になっていくんじゃないでしょうか。

山口　あらかじめ好みのデザイナーなりデザインを登録しておくと、「このデザインがマッチしていますよ」みたいにお知らせしてもらえるようになる。そんな感じですか？

水野　そうです。最初は企業側が選ぶかもしれませんが、しばらくするとデザイン知識の豊富な、たとえばクリエイティブディレクターみたいな人が選ぶようになるかもしれない。それで最終的には、そうした人をバージョンアップした人工知能が最適なものを選ぶだけになる。特にシンプルなグラフィックデザインの分野は早いでしょうね。ロゴだけであれば、すでにＡＩがつくってくれるサービスが出ていますし。そんな未来がすぐ目の前まで来ていると思います。

山口　僕は二極分化すると考えています。音楽に関していうと、人工知能に音楽をつくらせる研究は結構進んでいて、まあまあ面白いものをつくるようになっています。ただ、一瞬のフレーズはつくれても1時間の交響曲は今のところ無理です。始まりと中盤と終わりという物語が構築できないんですね。

たとえばショパンのデータを人工知能に大量に飲ませると、一応ショパンっぽいものはつくれます。ただ、いつ終わるともなくダラダラとメロディーが続くだけでいつまでも終わらない、非常に奇妙な曲です。曲全体の起承転結をつくるということができないんですね。曲に生命性というか、ストーリーがないんです。

一方で、「15秒のフレーズ」をつくることは、それこそ無限にできるわけです。だからたとえばCM音楽なんかを専門にやっているタイプの作曲家は、まず真っ先に人工知能に食われていくかもしれません。こういう状態になると音楽の知識がない人もどんどん作曲ができるようになるので、音楽の供給量は爆発的に増加することになります。そうすると作曲の労働単価はほぼゼロになってしまうでしょうね。名前が売れているミュージシャンや作曲家はファンベースという顧客資産がありますからなかなか人工知能には代替されないと思いますが、CM音楽の作曲家の雇い主は代理店や広告主で、彼らには常に強いコストダウンの圧力がかかっていますからね。

考えてみれば、坂本龍一さんに頼んでつくってもらいたいような映画音楽を人工知能にやらせるかと言ったら、そうはならないでしょう。その意味で、きっと二極化するでしょうね。水野さんの仕事が人工知能に取って代わられるかとなると、それはあまり思わないですが。

水野　アウトプット、デザインの「後」の部分は、AIがやれてしまう。でもデザインの前の部分、この部分を狙ってこういう世界観をつくろうと決めていくプロセスは、AIにはまだ難しいかもしれない。そこが、自分がやり続ける意義だと思っています。

デザインの学び方とは？

水野　インプットを考えるということで言うと、山口さんご自身は、アートはもちろんですが美術史、デザイン、とても知識が豊富ですね。どういう勉強をなさっているのですか？

山口　大学生の頃から、武蔵野美術大学の柏木博先生の日本デザイン史の本なんか、好きで読んでいました。それから母が「彩りのある生活をしよう」というタイプの人だったので、そういう影響もあるのかな。高校生ぐらいのときから、『STUDIO VOICE』を読んでいました。

水野　僕も読んでいました（笑）。特に写真関係の特集は、読み込みすぎてボロボロでした。

山口　バウハウスは当然押さえるとか。あと、フランスの国営放送がやっていた名建築を紹介する番組なんかは好きで見ていました。1時間、ポンピドゥーセンターの何がすごいのかを解説するような非常にマニアックな番組です。就職したのは電通の営業だから、なんかちょっと違う方向になりましたけど。学ぶのは楽しいと思います。

水野　僕は名前が「学」だし（笑）、学び続けないといけない時代に完全になったという感じがしますね。ここまでお話ししてきたようにデザインを再定義してみれば、社会において誰にとっても必要なものだとわかります。でも、デザインは特殊能力だとか、美大生のものとか矮小化されているから、みんなデザインがわからなくなっているのではないでしょうか。もっとデザインとか、アートとか、普通に勉強してほしいな。

山口　インプットの方法を含めて、水野さんが教える学び方というのはどんなものですか？　デザインは人に教わってできるようになるものでしょうか。

水野　慶應で講義していたのですが、端的に言うと「知識×やり方」です。知識が少ないのにやり方だけ知っていてもダメだし、知識が多くてもやり方を知らないとダメ。まずはたくさんのものを見ることがスタートですよね。

その上で、「簡単な上達法は？」と聞かれることはよくあります。僕が手掛けているだけでも、グラフィックデザイン、プロダクトデザイン、内装デザイン……と分野がさまざまなので、グラフィックだけに絞ると、大きく三つあります。

一番目は、「らしさ」を見極められるようになること。「シズル」っていう言い方をするときもあるのですが、そのものらしさをしっかりと見極めて、そのものが持つ魅力が伝わる表現をすることが何より大切です。世の中にあふれるデザインには、出発点からずれちゃっているものが結構多いんです。上質な商品として見せたかったはずなのになぜこんなポップな色を使ってしまったんだろう、とか。世界観をちゃんとつくれていないし、捉えられていない、ということですよね。

二番目は、書体や色といった、デザインにまつわる超基本的な知識を身につけること。色に関していえば、色相環を理解しているだけでもまるで違いますよね。山口さんには常識中の常識だと思いますが、講演で話すと、色相環を理解していない人って案外いるんです。

三番目は、やっちゃいけないことを知っておくこと。当然ながら差別的表現や、性の多様性への配慮がない表現は一切ダメですよね。それとは別に、デザインの中にも、実はタブーはたくさんあります。先ほども言いましたが「この書体を使うと、欧米の人はこう感じ

BRIGHT!
CLIP·STAMP·FOLD
HOME
LIVING ON WATER

BRIGHT!
CLIP·STAMP·FOLD
HOME
PATTERNS

る」といった知識。あと、家に入ってくるチラシでよくあるのが、書体を7、8種類も使っていたり、色を何色も使いすぎていたり、文字の大きさもまちまちで、情報が頭に入ってこないもの。あえて狙ってそういうデザインをしている場合は別として、情報伝達を目的にした場合には、書体、色、文字サイズの種類があまりにも多いと、目的を果たさなくなることが大半です。

山口　そういうふうに明快に言語化されると、誰でもデザインができなきゃおかしい気がしてくる（笑）。当たり前のことのように思えますが、実際やろうとすると難しいですよね。

なぜ今でも「センス」が怖いのか？

山口　できない言い訳をするつもりはないんですけど、やっぱり、デザインって怖いんだと思います。「これがいいデザインだと思う」と言ったのに認められないと、ある種の人格否定になりますからね。ナイーブな人ほど怖がると思います。

水野　ああ、わかります。

山口　たとえば「これが正しいと思う」とある商品を開発し、市場調査をやって機能も上げて発売したけれど、価格で負けて売れなかった。この場合、逃げ場があるわけです。

水野　いろんなものや人や状況のせいにできそうです（笑）。

山口　実際に、この瞬間もそれをやっている人が、東京だけでも確実に100人はいますね（笑）。「ちょっとプライシングを間違えたよ」とか、「いや競合がもっといい機能を出してきちゃって」とか、「開発がちょっと遅かった」とか。

　でも「俺はこれがカッコいいと思う」という商品を出して負けたとなると、逃げられないところに追い込まれる。「負けた理由は、あなたにセンスがないからです」となるともうダメです。ダメージが大きすぎて、立ち直れなくなる。

「自分がカッコいいと思うかどうかだけを判断にしている」というバルミューダの寺尾さんみたいな人は、ある種アーティストとして世の中に自分のアウトプットを出すという姿勢です。寺尾さんは覚悟があると思いますが、そうじゃないアーティストもいる。批評家から貶《けな》されて傷つく歌手や作家も大勢いますよ。いわんや、それを一般の人がやろうとするのは、生半可なことではありません。

水野　そうですよね。「きみ、センスないね」って言われると、傷つく人が多い。

山口　傷つきやすいのは、みんな人生の経験中で傷つく経験をしたことが少ないためだと感じます。テストの点数が悪いときは、「勉強していなかった」とか「計算間違い」とか逃げ場がある。学校はそういうふうにできているし、今までは仕事もその同じやり方でできました。

でも、これからは逃げちゃダメなのも本当です。仕事ができる・できないの、最後の最後の分かれ道は、その人の感性だから。つまりセンスが競争優位性となるので、そこで勝負することから逃げていたら、いい仕事はできないし、売れる商品もサービスもつくれない。

のらりくらり逃げながら仕事をしていると、野球選手に喩《たと》えるのなら、打率2割3分ぐらいで、ホームランも10本ぐらい打って、いちおうレギュラーになるかな、というくらいちばん中途半端な感じで終わる（笑）。

水野　教育も変えていく必要がありますね。日本では、小学校から大学まで16年間「正解」を探す訓練だけをしているわけで。社会に放り込まれたとたん、「正解かどうかじゃなく意味があるかが大切」「あなたのセンスと美意識で考えなさい」と突然言われても、なかなか対応できないですよね。

　僕はときどき、自分がブランディングに携わっているお店に小学生の息子を連れて行くんです。「パパの仕事を手伝ってほしい。いまからこのお店を観察して、最低15個、改善点を挙げてみてくれない？」。すると、楽しそうに歩き回ってから、的を射たことをズバズバ言ってくるんですよね。人って本来、そういう鋭さを持っているんだと思うんです。でも、「正解」探し、「役に立つこと」探しばかりしているうちに、感覚が鈍っていく。

山口　自分の好き嫌いを知ることも、センスを磨くための第一歩ですね。

水野　はい。といっても、会議の場で自分の好みにだけ固執されるのは困るんだけど(笑)。自分はそれが好きか嫌いか。「なぜ」好きなのか。嫌いな場合、どこが変われば好きになれるのか。好き嫌いの理由までつきつめるくせをつけると、感覚が磨かれていく。

僕はだいぶ業界から浮いていて(笑)、できるだけデザインを言語化しようと努めているし、ブラックボックスを開けていこうとしています。でもそれって結局、マジシャンのネタばらしで、デザインを、誰にでもできるようにしてしまうということ。これは一方で、自分がやったマジックに対して「つまらない」と批判できる人を世の中に増やすことでもあるんです。

これまで多くのデザイナーは、デザインが魔術であることの恩恵を受けてきた。「これを操れるのは才能がある自分たちだけだ」ということにしておけば、自分たちが安泰なので。でもこれからは、みんながセンスや美意識を当たり前のスキルとして持たないと、やっていけないです。

山口　その通りだと思います。

水野　僕が山口さんのことをすごく好きなのは、本来、デザイナーが言わなきゃいけないことを、難しい言葉を使うことなくわかりやすい言葉で全部教えてくださっているからなんです。僕には救世主なんですよ（笑）。

しかもその本が売れているっていうのが、やっぱりすごい時代だな。みんなネタばらしをしてほしいし、自分でマジックをやりたい。それがすぐ目の前にある未来なんじゃないでしょうか。

石斧と印籠とiPhoneの「デザイン」

山口　よく言われる話ですけど、黒曜石なんかを削って作る、石器時代の石斧《せきふ》ってあるじゃないですか。あれの大きさと日本の印籠、iPhone 3Gまでの大きさはほとんど同じですね。今のスマホはかなり大きくなってきちゃいましたけど。

水野　手に取った感じが似ていますね。って、iPhoneしか触ったことはありませんが（笑）。

山口　だけど手に取るという感覚、そこがポイントです。石斧をつくっているとき、まず「よく切れる」という機能がある。でも、幾つもつくっているうちに、「握りやすい」とか「カッコいい」とか「よく切れて刃こぼれしない」と進化していった。それってデザインですよね。
　性能が良くて、使いやすく、丈夫で、見た目もカッコいい。そうなると「あいつが持ってる石斧、欲しいな」という人が出てきて、価値が出る。おそらく原始時代は原始時代で物欲ってあったはずなんです。

水野　面白いですね。原始時代、それいいね、と自然と絞られていった石斧のサイズ感があって、それはiPhoneとも同じだった。人の手に馴染む大きさは、石器時代でも現代でも近しい、ということでしょうか。
　僕は、新しい定番をつくることをコンセプトにした「THE」という雑貨ブランドをやっています。飯茶碗を開発したときに、最も人の手に添いやすく持ちやすい形状はなにか、チームで試作を重ねてあらゆるパターンを試しました。結果、口径12㎝、高さはその半分の6㎝、という結論に至ったんですが、この過程で驚いたことがあって。

お椀は、古くは「まり」と呼ばれていて、良い器というのは、お椀の上にもう一つのお椀を上下逆さまにかぶせて球体のようにしたとき、ちょうど直径が4寸（12㎝）の球になるとされていたそうなんです。つまり僕らが試作を重ね、汗かいて導き出した最適なサイズ感は、偶然にも、古くから日本各地でつくられていた形と同じだった、と（笑）。各産地でいろいろな茶碗を見せてもらいましたが、昔ながらの基本的な形はやっぱり口径12㎝（4寸）、高さ6㎝（2寸）。でもどの産地のみなさんも、「理由はわからない」とおっしゃるんです。

これは、単に先達の知恵はすごいというだけの話ではなくて。12㎝＝4寸というような昔ながらの長さの単位は「身度尺《しんどしゃく》」と呼ばれますが、感覚的に身体に馴染むサイズが自然と単位になっているわけです。その意味は、やっぱり大きいんですよね。

山口　手に馴染むとか肌馴染みがいいとか、感覚的に心地いいかどうかは、これからの時代、デザインにおいてより重要度が高まるんじゃないでしょうか。映像もそうだし、スマホのアプリでも同じです。動き方にストレスを感じるUIだと次第に使わなくなってしまう。

水野　僕はパリのルーブル美術館が好きで、何度も行っているんですが、古代の土器も収蔵されていますね。美術館は人間が過去にデザインしたものを集めて、あとになって美術とかアートとか呼んでいるんだと思います。みんな必要から生まれる人間の生活の道具だった。それが時代を経ると、美術やアートになるんです。

日本語だと「ルーブル美術館」でフランス語だと「Musée du Louvre」。そして musée も museum も「博物館」という意味です。字義的には博物館の一部が美術館であり、やっぱりアートは特別に区別しなくていい。

山口　僕はデザイン史をちゃんと学んだわけではありませんが、原始時代の手斧はシンプルな機能美だけで「カッコいい」とされたけれど、時代のどこかで変わってきたのかもしれません。要するにフリルがつくようになる。権力とかお金がたくさんあることを誇示する記号として、飾りをつけるということです。

それがどんどん過剰になり、物の隙間を全部模様で埋めるとか、金箔を貼るとか、あるいはバロックとかロココ様式、イスラム美術によくある柱の頭のところに花びらみたいな飾りをつける列柱様式になっていく。しかもそれをつくっていたのは大工さんです。いわゆる芸術家やデザイナーがやっていたわけじゃないんですからね。

僕は日本の家紋もセンスが良くてつくづくカッコいいと感じますけれど、デザイナーはいない。つまり、デザイナーが世の中に存在していない社会であっても、今の僕らが見ても、むちゃくちゃカッコいいものが生み出されているんですね。

ところで水野さん、1000年後の未来にぜひこれは持っていきたいっていうようなカッコいいものを挙げるとしたら、なんですか?

水野　えー、なんだろう……カッコつけて言うなら「想像力」とか「文字」ですけど、正直にパッと頭に浮かんだものを言うと、なぜか「ツタンカーメンのマスク」でした(笑)。

山口　僕はよくワークショップや講演で聞くんですけれど、お金やスペースの制限なく考えてもらうと、いろいろ出ます。姫路城とか、水野さんの答えのツタンカーメンのマスクとか、いろいろなものが出てくるのですが、だいたい19世紀以前のものなんですよ。

つまり「1000年後の未来に持っていきたい、カッコいい、素敵だと思うものを挙げてください」と言うと、だいたい19世紀以前のもの。デザイナーもいない、工業デザインも進んでいない時代に、100年以上生き残るものがたくさん生み出されてきていて、一方で今は金も工業力もデザインのリテラシーも上がっているのに、今の僕たちはなかなか100年生き残るものが生み出せない。これは力量の問題じゃないと思います。

水野　物語と精度、ですよね……。大量生産できるものは価値が下がるという理由だけでなく、やっぱり、その当時の技術を集結して圧倒的な想いと精度でつくられたものには、強い意味が生まれるということなんでしょうね。

もう一つ思うのは、後に残るものって、「発明」なんだなってことです。絵画もそうで、モネは印象派という発明をしたし、ピカソはキュビスムという発明。デュシャンはレディ・メイドの発明家です。逆に言うと、発明をしたイノベーターしか残っていない。今、世の中で目立っていてアーティストと呼ばれていても、発明家の域まで行っていない人は、時の流れに淘汰《とうた》されるかもしれません。

山口　僕がけっこう悩ましくて難しいなと思うのが、Appleが iPhoneを出してきたときって、むちゃくちゃ新しく見えたわけですけど、あれって最後はガラス板じゃないですか。

究極のいちばんカッコいいものがただのガラス板になるって、極論するとデザインはできなくなるということですよね。

水野　そうですね（笑）。今ではギャラクシーでもなんでも、ほとんど見分けがつかない。画面をなるべく大きく、厚みはなるべく薄く、表面はガラスみたいにするとなったら、外見はほぼ同じですよね。

山口　『ニュータイプの時代』（ダイヤモンド社）にも書きましたが、ほかのスマートフォンとほとんど見分けがつかないにもかかわらず、Appleの時価総額は高い。そこにやっぱりデザインを考える一つの鍵があると思っています。

見た目がほとんど同じなのにiPhoneが圧倒的に人気なのは、デザインがモノとしての形を意味するのではなく、そこに込められた物語であり、世界観であるということじゃないでしょうか。

精度が大切

水野　山口さんとお話ししていて、「自分はもっと、諦めず徹底して細部にまで携わるべきだ」と思いました。逆に言うと、僕は「クリエイティブディレクターは依頼された仕事に徹底して関わるべきだ」と自分で言っていたわりに、まだまだ余白があって、経営側の判断に委ねていた気がします。

山口　どういうことですか？

水野　「役に立つ」から「意味がある」へと時代が移る中で、ますます必要になっていくのが「精度」だと思うんです。あるいは「完成度」。「美意識」と呼んでもいいかもしれない。

ブランディングにおいてとにかく精度が大切なんだ、というのは、あらゆる場面でもう10年以上言い続けてきました。商品自体はもちろんのこと、発送する箱、梱包の細部、広告、宣伝ツール、店舗の内装、POP、商品の品質表示のタグ、ショッピングバッグ、ショップカード、ウェブ、SNS、お客様相談室の対応、社長の服装やネクタイの色……ブランドにまつわるあらゆるものの積み重ねが、ブランドをつくりあげる。その一つでも手を抜いてはいけないんです、と。でも、特に大手メーカーと仕事していると、「そうはいってもこれ以上は無理なので、もうこれでいきます」という場面がよくあります。

山口　確かに。そういうとき、これまでは諦めてしまったことも多かったですね。

水野　それでも、顧客から「これは意味があるな、価値があるな」と認めてもらうには、彼らの想像と期待を超えるこだわりと、完成度の高さが不可欠です。別の言い方をすれば、ディープなマニアにも「こいつらやるじゃん」と認めさせるほどのこだわりを、つくる側が持っていなければ、顧客に「意味」を見出してもらうことなんてできない。

山口　その通りですね。しかも今は、情報はばらまくのではなく、興味を持ってもらって詳細を自ら取りに来てもらう時代です。どのジャンルでも、オタクの世界ってすごいですからね。

水野　はい。僕は大好きな世界なんですけど（笑）。オタク心を満たせるだけの徹底したこだわりでつくるという覚悟を、ブランド側は本気で持たないといけない。

僕は、商品開発の手前からはじまって、商品デザイン、さらにその後の宣伝までトータルに関わることが多いのですが、そのすべてを、「一本の映画をつくるように」一つの世界観で統一しようとしたら、あらゆる場面で高い精度が必要です。そこを諦めちゃだめなんだなと、この対談で改めて感じました。

山口　おっしゃる通りです。ただ、組織ごとに「当たり前の基準」が異なるので、自分たちだけで精度を上げていくことって容易ではないです。

水野　はい。ある企業との仕事で、複数ジャンルの商品を同じ色調でトータルコーディネートしたいと依頼を受けました。プロダクト開発では「DIC」という色チップで色指定をすることが多く、そのときも僕は、DICのこの色、と淡いグレーを指定したんです。でもサンプルが上がってきたら、色調がバラッバラ。Aさんのつくったアイテムは濃いグレーになっているし、Bさんのは赤みが強すぎて茶色に近いグレーになってしまっている。Cさんのは青みが強すぎてもはや水色になってしまっている(笑)。

実は、色を合わせるのって、結構難しいんです。DIC自体は紙に色ベタで印刷されていますが、商品となる素材は布、プラスチック、木材への塗装などそれぞれ異なり、素材ごとに光の反射が違うので。結果、各担当者が思い思いに「自分が思う、淡いグレー」で仕上げてきた(笑)。

聞くと、その会社ではそれまで、色チップに厳密に合わせようとしたこと自体がなかったというんですね。あくまで参考程度に考えていた。つまりそれが、その会社における「当たり前の基準」であり、「精度」のレベルだってことです。全部を並べて見れば色調が違うことは一目瞭然で、「トータルコーディネート」という当初の目的を果たせないことは理解してくれました。でも従来は、「もう時間もないし、仕方ない」で済ませてきたそうなんです。これ、日本を代表する超大手企業での出来事です。

僕はクリエイティブディレクターとして招聘されているので、その責任として、「いやいや、これでは目的を果たせないからサンプルを出し直しましょう」と仕切り直しました。でもこれは、僕が外部から来ているからできることです。

山口　内部の人間だけでは、なかなかそうはいかないですね。もしかしたら、社内にはそれまでも、問題意識を感じていた人がいたかもしれません。

水野　余計なことを言って憎まれ役になるのが怖いから、言わなかった。そして最初からその会社にいる人の大半は、慣習通りだから、疑問にすら思わないんですよね。「これからは意味の時代だ！　精度を上げていこう！」とただ拳を振り上げたって、それまでと同じ組織構造のままだったら、変えていくのは難しいと思います。

山口　自分たちの「精度のレベル」に気づける仕組みからつくる必要がありますね。

言葉にも精度を

水野　ところで、言葉も、精度の高さがますます必要になってきましたよね。かつては、広告と、せいぜいパンフレットやウェブ上の文言だけ整えておけばよかったけれど、いまは

SNSだけでも何種類もあるし、リリース記事自体も拡散される。

山口　言葉のクオリティコントロールも不可欠な時代になってきました。

水野　僕がいま最も一緒に仕事をしているコピーライターの蛭田瑞穂さんには、「ぜんぶ」お願いしています。コピーライターといえば、これまでは広告のキャッチコピーを書くのが主な仕事だったと思いますが、彼には広告コピーだけでなく、ステートメント、ウェブ、プレスリリース、SNSまで、ブランドにまつわるあらゆることば、文章を、書いていただいたり、監修していただいたりしています。

山口　そうすると、ブランド自体に一つの統一した人格を持たせることができますね。

水野　多くの企業では、PRのリリース文章を書く人と商品の説明文を書く人が、違うと思うんです。でも、企業やブランドが発することばも横串にさしてコントロールすることができれば、情報発信の精度が高まる。シャープやタニタのようにSNS運用者の方に個性とスキルがある場合は別ですが。

山口　蛭田さんのように、企業やブランドの発する言葉のすべてを監修できる人は、これからもっと必要になっていくんじゃないでしょうか。

水野　そう思います。それともう一つ思うのは、「意思や想いを持っていることの強さ」です。「大義」と呼ぶほうが正確かもしれません。

僕は、仕事をお受けするか決めるとき、必ず、この会社の大義は何ですかと相手に聞くんです。経験上、想いを持っている経営者の会社は、その時点でうまくいっていないとしても、改善していく可能性が高いです。この商品で世の中をこういう風に改善したい、とか、この商品があったら絶対に喜んでくれる人がいるから実現させたい、というような強い想いは、原動力になるので。

山口　先ほど、検索エンジン開発競争で、大手よりもモチベーションを持っている者が強かったという話をしましたが、これから、その傾向はますます強まるでしょう。だから、どうやったら他社と似たものを安くつくれるか、とか、どうやったら儲かるかだけ考えていると、絶対に勝てません。

水野　その通りです。ある大手企業で新ブランド立ち上げと新商品開発をしたとき、本当に苦労したんです。その企業は、他社の研究は徹底していました。A社は同じものを○円で売っている。B社は似たものを○円に値下げしたらバカ売れした。C社は最近○○が大当たりしたからうちも真似してつくろう……と、競合他社の商品情報だけは揃っている。でも、「自分たちがこうなりたい」というビジョンは全くないんです。あるのは売上目標だけ。

一部役員には危機感があり、僕がブランドのステートメントをつくって、「こういう大義を持ったこういうブランドに育てていきましょう」と言ったら頷いていましたが、大半の方はポカンとしていました（笑）。

山口　それまで、数字以外のことを考えたことがなかったんでしょうね（笑）。

水野　そんな調子だから、商品開発のあらゆる場面で「他社でこれが売れているからうちでもこれをつくろうと思います」「提携工場から、これなら安くつくれると言われたのでこれでいきます」となる。「このブランドのコンセプトは○○なんだから、もっとこういう考え方の商品をつくりませんか？」と提案しても、「それだとうちのお客様は買わないと思います」。そのうち他社から先にそのアイデアの商品が出てヒットしてしまったりして（笑）。

ブランディングって長期戦で、最初の3年くらいはなかなか数字に反映されないんです。3年過ぎたあたりから動きが出て、5年経ったあたりでぐっと売上に反映されていくことが多いんですよね。その会社でも、ある程度の数字的成果を上げることはできましたが、仕事として長続きしなかったですね。

山口　既存顧客のこと、競合他社のことだけ見ているから、売上がどんどん落ちてきたわけで。自分たちのビジョンを定めて、そこにむかって未来をつくっていかなければならなかったんですが、過去だけを見ている会社に「意味をつくる」ことは難しいと思います。

デザインが未来を連れてくる

山口　盛田昭夫さんがウォークマンを売り出した有名な話がありますね。最初につくったときは流通側がまず全然わからなくて、「なんですか⁉　これ」みたいな。「スピーカーがないのにどうするんですか」と(笑)。

あまりに訳がわからない製品なので、どんな販売店も取り扱ってくれないというときに、盛田さんは、ヘッドセットをつけた外国人のモデルを100人雇った。「代々木公園をローラースケートでグルグル回らせろ、走らせろ、楽しそうに歩かせろ」って指示したんですよ。

水野　未来のシーンの実演ということですね。すごい。

山口　モビリティの高いデバイスで音楽を聴く未来がやってきた。もう、座って家の中で聴かなくていい。何かしながらどこでも音楽が楽しめる。そんなシーンを街の中に描いたわけですね。

盛田さんの狙い通り、「あれはいったい何だ」と話題になった。SNSがない時代でも評判になったんです。

そこでスティーブ・ジョブズがゼロックスのパロアルト研究所を見に行ったときに「これは革命だ！」と言ったみたいに、興奮しながら「在庫をありったけくれ！」と言ったのが、当時の丸井のバイヤーです。彼は音楽の革命だとわかったのでしょうね。すごいと思いますよ。結局、すぐ売り切れる大人気商品になりました。

水野　未来を描ける力がいかに重要か。その力がないと、「意味」をつくることも「世界観」を描くこともできない。それだけでなく、新しいものを見たときにその「意味」と「可能性」に気づくこともできない。

山口　未来を見せた人と、見せられた世界に対して、「あ、これは来る！」って気づいた人がいる。結果的に本当に世界が変わった。すごい話じゃないですか！

Appleがない世界も、スタバがない世界も、ウォークマンがない世界も消える。もちろんiPodに取って代わったりというアップデートはあるけれど、登場した途端に未来が変わります。

僕が投資家で、スタバのコンセプトを聞いただけだと投資はできないと言いましたよね。言葉でいくら説明されても、「いや、欲しいと思わない」とか、「はやると思えない。よくわからない」というのはあるけれど、それを描いて、人に伝える方法はあるはずですよ。

水野 いまここにない未来を想像し、鮮明に思い描いて実現への道筋を考え、最終的なアウトプットまでをつくりあげる。それがデザインの役割だと、改めて感じます。矮小な意味での表層デザインではなく、僕が思う「真の意味でのデザイン」の役割は、それだなと。デザインは未来を連れてくる。連れてこないと、デザインではないですね。

いろいろなクライアントに対して、もっと未来のシーンを提案していこうと、山口さんと話していて思いました。

山口 スティーブ・ジョブズがMacのある未来のシーンを見ていたのと同じですね。

物語をつくって、シーンとしてリアルに描いて、それを人にも提示できる人。職業としてデザイナーであろうとなかろうと、それが未来に必要な人材でしょう。

おわりに

水野 学

山口さんとのエキサイティングでたまらなく楽しい対談を終えたころ、最新のドローンが撮影した、「ジェットコースターの映像」を見る機会がありました。

すさまじいスピードでアップダウンを繰り返すジェットコースター。そこにぴたりと寄り添い、リアルかつ鮮明に撮影するドローン技術はたいしたもので、テレビのキャスターは「世界初の映像です！」と興奮気味に紹介していました。

でも、僕は不思議と驚きを感じませんでした。かつてできなかったことがテクノロジーで可能になった――そんな映像なのに、新しいものを見た感動がそこにはなかった。少なくとも、「きっとこんな感じだろうな」という予想を上回る映像ではなかったのです。

これは仕事柄、僕がさまざまな映像を見尽くしているという意味ではありません。おそらく多くの人が、同じような感想を抱いたのではないでしょうか。なぜなら僕らはその映像を、すでに「想像」できていたから。人間の想像力というのはみんなが思っているよりはるかに優れたもので、ときにテクノロジーを軽々と超えてしまいます。

本書の冒頭で山口さんが、Appleが1987年にすでに、タッチパネルや音声入力が実装され、あらゆる端末がネットワークで繋がった「未来」の姿を明確に描いていたと語っています。世界初のウェブブラウザ「Mosaic（モザイク）」の誕生は、その6年後の1993年。人間には、テクノロジーが現実を変えるより前に、まだ存在しない未来を想像する力が備わっている。僕はそう思っています。

1969年、藤子不二雄さんという二人の天才が『ドラえもん』を生み出しました。当初、ドラえもんの誕生した年は2012年、21世紀の猫型ロボットという設定でした（その後、2112年、22世紀生まれに変更されました）。第一巻に出てくるひみつ道具「タケコプター（初期の名称はヘリトンボ）」は、2020年現在、まだ存在していません。でも、「糸なし糸電話」よりも高性能な携帯電話が普及し、「宇宙探検ごっこヘルメット」はAR技術で実現できる。テクノロジーは着実に、ドラえもんの世界に追いつきつつあります。

新たなビジネスのヒントは、『ドラえもん』の中に、すでにたくさん隠されているかもしれません。むろん、藤子不二雄さんや、本文で触れたスティーブ・ジョブズ、ソニーの盛田昭夫さんなどは、飛び抜けた天才かもしれません。でも、僕を含めたそうでない人にも、想像力を駆使することはできます。

こうだったらいいなと自分が思う情景を、くっきりと、具体的にイメージすること。

それを実現するために、世界観を、圧倒的な精度でつくりあげること。

その結果、「意味がある」モノをこの世に生み出すこと。

そして、共感してくれる人を増やしていくこと。

それがこれからのビジネスの場で必要なことだと、山口さんとの対談は改めて教えてくれました。

マズローは晩年、欲求5段階説の5段目「自己実現の欲求」のさらに上の段階として、「自己超越の欲求」を唱えたとされています。やや哲学的なきらいもあるので深く掘り下げることは控えますが、別名「コミュニティ発展欲求」とも呼ばれ、他者からの賞賛を求めず理念を持って目的に没頭する状態であり、自分が所属するコミュニティ全体の発展を望む欲求、と解釈されているようです。

マズローが亡くなったのは、1970年。日本は高度経済成長期のまっただ中でした。あれが足りない、これが欲しいという渇望に満ちた時代には、この概念に深く共感を示す人は多くはなかったかもしれません。

しかし現代に目を移してみると、マズローが言いたかったことがわかるような気がするのです。

衣食住に困ることはないけれど、なんとなく満たされない。漠然とした閉塞感があり、明るい未来を信じることができない。SDGsが叫ばれ、地球環境への不安もある……。そんな時代には、「どう生きるか」という問いが重みを帯びてきます。

それは企業においても同様です。社会に対してどんな関わり方をしたいのか——つまり、第Ⅲ章でも触れた「大義」が、重要になってきているのです。

日本の場合、起業から5年以内に倒産する会社が85％と言われています。仕事を通じてさまざまな企業とおつきあいをする中で、伸びていく会社と消えていく会社をいくつも見てきました。

そこで気がついたのが、資金が潤沢で勢いもあったのに失速してしまう会社の多くは、「急成長してたくさんの利益を得たい」という欲求がエンジンになっていたということです。

利益は、経済活動において必ずクリアすべき最重要課題の一つです。僕自身、自分の役割の一つとして、ブランディングに携わった企業の利益を上げることにこだわってきました。ですが、「数字だけ」だと未来は描けないのもまた事実です。ましてや「意味がある」を大切にすべきこれからの僕たちを動かす原動力になってはくれません。

「世の中をこうしたい」「未来をこう変えたい」という熱意と希望と強い

意志。それがまさに大義です。大義がなければ、自分たちの未来のビジョンを明確に描くことはできない。ビジョンがなければ、世界観も自ずとブレていきます。

なにより、組織において世界観をつくる作業は、自分一人でできることではありません。多くの人が同じ想いを共有し、同じイメージを描いて、「意味」をつくり続けなければならない。それには、大義を旗印に、かかわる人全員に情熱を行き渡らせる必要があります。

2016年から、僕はオイシックス・ラ・大地のクリエイティブディレクターを務めています。同社は安心安全な農産物や加工食品、ミールキットなどを手軽に購入できるECサイト「Oisix」を中心に、30万人以上の会員を有しています。「Oisix」での仕事は、大義を持つ企業だからこそ実現できた事例だと感じています。

就任当初は、僕自身が実際に手を動かして、ロゴなど会社全体のクリエイティブの改変を行っていました。しかしある時期から、各部署のデザインチームを集めて毎月定例のミーティングを行うことが、僕の重要な役割になりました。

インハウスのデザインチームには、スピーディに動けるというメリットの一方、部署ごとに分断が生じやすいというデメリットもあります。このミーティングでは、デザイナーの皆さんがつくったものひとつひとつにフィードバックをし、僕が持つデザインのノウハウを細かく伝えています。ですが最も重要な目的は、「Oisixの世界観をスタッフ皆の中で統一していくこと」です。

Oisixとはどんなブランドなのか。何を目指しているのか。どんなふうに見えたいのか。Oisixの世界観を突き詰めてから、実務面でのアウトプットを細部まで積み上げていく。しかしそれらは実際には、極めて細かな作業です。

「どんなビジュアルがOisixらしいのか?」「写真はどんなライティングがいいのか?」といった議論はもちろんのこと、うんと細かなこと——たとえば、「この写真に写っている農家の方のパンクテイストの帽子はOisixらしく見えるだろうか?」という話までを俎上《そじょう》にのせます。素敵な帽子だけれどOisixの世界観とはちょっとズレるかもね、じゃあ撮影のときはこういう画角で撮ったらよかったかもね……。ほんとうに些末な、「そんなところまで?」と言いたくなるような改善を粘り強く積み重ねていく中で、クリエイティブの質は次第にレベルアップしていきました。

ここで大きく力になったのが、オイシックス・ラ・大地の持つ大義だったと感じています。「より多くの人が、よい食生活を楽しめるサービスを提供したい」「よい食をつくる人が、報われ、誇りを持てる仕組みを構築したい」——同社の根底には明確な大義が存在しています。その想いに共感する人たちが集まった組織には、情熱があります。社員の皆さんにはよいものを提供しているという自負があり、取り扱う商品に対しても、それをつくる農家の皆さんに対しても、深い愛情がある。ゆえに、魅力をしっかり伝えたいという強いモチベーションが生まれる。それらが、緻密で、ともすれば気が遠くなりそうな「世界観の構築作業」を「楽しむ」原動力になっているのだと思います。

人間の感覚はとても繊細です。その感度はすこぶる良くて、ほんの少しでもおかしなことがあれば、受け手のセンサーからするりと弾かれてしまいます。受け手一人ひとりの感度が高いうえに、人間にはみんなの感度を集めた「集合知」というものもありますから、マスに向かって商品やサービスを送り出すとき、その世界観に綻びがあれば顧客に見抜かれます。

だからこそサービスや商品を提供する側は、顧客がその世界観の素晴らしさに酔いしれることができるくらい、精度を高めなければなりません。

実際やってみると、これは本当に大変なことです。労力もいるし、覚悟もいるし、知識、センス、実力も必要です。

でも、それをしなければ「意味がある」の世界で仕事をしていくことはできません。

大義を持ち、ビジョンを掲げ、そこから生まれるモチベーションを武器に進んでいくことが、これからの僕たちの道しるべになると思います。

産業構造が大きく変化しているこの革命期に、どのような考え方を持てば生き残ることができるのか？　生き残るだけでなく「そのブランドらしく」輝くことができるのか？

この本を読んでくださった方にとって、本書が少しでも、それらの悩みを打開する一助になれたら幸いです。

僕自身にとっても、多くの学びを得た貴重な対談となりました。山口周さんに、心から感謝申し上げます。

また、この機会を設けてくださった編集の大﨑俊明さん、あちらこちらへ盛り上がる話を鮮やかに交通整理してくださった青木由美子さんにも、深くお礼申し上げます。

どうか、これからを生き抜いていく大好きな息子とその世代に、少しでも明るい未来を届けられますように。これからも精進しながら、日々の仕事をうんと楽しんでいきたいと思います。

水野 学（みずの まなぶ）

クリエイティブディレクター／クリエイティブコンサルタント。1972年、東京都生まれ。多摩美術大学グラフィックデザイン科卒業。1998年、good design companyを設立。ブランドや商品の企画、グラフィック、パッケージ、内装、宣伝広告、長期的なブランド戦略までをトータルに手がける。主な仕事に相鉄グループ全体のクリエイティブディレクション及び車両、駅舎、制服等、熊本県「くまモン」、三井不動産、JR東日本「JRE POINT」、中川政七商店、久原本家「茅乃舎」、黒木本店、Oisix、NTTドコモ「iD」、「THE」ほか。2012-2016年度に慶應義塾大学SFCで特別招聘准教授を務める。The One Show金賞、CLIO Awards銀賞ほか国内外で受賞歴多数。著書に『センスは知識からはじまる』（朝日新聞出版）など。

山口 周（やまぐち しゅう）

1970年、東京都生まれ。慶應義塾大学文学部哲学科美学美術史学専攻、同大学院文学研究科美学美術史学修士課程修了。電通、ボストン・コンサルティング・グループ、コーン・フェリー等で企業戦略策定、文化政策立案、組織開発等に従事した後に独立。現在は「人文科学と経営科学の交差点で知的成果を生み出す」をテーマに、独立研究者、著作家、パブリックスピーカーとして活動。現在、株式会社ライプニッツ代表、世界経済フォーラムGlobal Future Councilメンバーなどの他、複数企業の社外取締役、戦略・組織アドバイザーを務める。著書に『世界のエリートはなぜ「美意識」を鍛えるのか？』（光文社）、『武器になる哲学』（KADOKAWA）、『ニュータイプの時代』（ダイヤモンド社）など。

世界観をつくる
「感性×知性」の仕事術

2020年3月30日　第1刷発行

著者　水野 学　山口 周
発行者　三宮博信
発行所　朝日新聞出版
〒104-8011
東京都中央区築地5-3-2
電話03-5541-8832（編集）
03-5540-7793（販売）

印刷所　広研印刷株式会社

定価はカバーに表示してあります

ISBN 978-4-02-251673-2

落丁・乱丁の場合は弊社業務部（電話:03-5540-7800）へご連絡ください。

送料弊社負担にてお取り替えいたします。